つくる・
かく・
あそぶ

こどもの
アートブック

鮫島良一 馬場千晶 著

大人の美術 子どもの美術

　いつの時代であっても子どもは絵を描いたりモノを作ったりして遊んでいたはずですが、美術の側から〈子どもの絵〉の独特の魅力を発見したのは、実は近年になってからのことです。

　ある日のこと、フランツ・チゼック（1865-1946）という一人の絵描きが、アトリエを借りるために大家を訪ねたところ、その家の子どもたちが庭先にあった戸板にいたずら描きをしていました。チゼックは、その絵のみずみずしさや独創性に驚き、行きつけのカフェの絵描き仲間たちにその絵を見せたところ、大きな共感を得たそうです。彼は自ら絵を描く傍らで子どもたちに絵の教室を始め、今でいう美術教育の扉を開きました。

　当時の西欧は第一次世界大戦による絶望と混沌の最中にあって、人々はあらゆる分野で新たな希望の光を求め、〈新たなものの見方〉や〈世界のとらえ方〉を模索している真っ只中でした。芸術家たちもそうした時代の中で先導的な役割をなし、さまざまな異文化の中にその可能性を見いだして、たくさんの新しい表現を生み出していったことは広く知られています。

　それまで〈子どもの絵なんて稚拙なもの〉として見向きもされなかったものが、ここに来て初めて大人の美術とは異なる〈異文化としての美術〉として認知され、それが今日に至る美術教育の原点になったわけです。

　幼い子どもの絵や作ったモノには、常識や慣習に凝り固まった大人のいわゆる〈作品づくり〉の窮屈さがありません。そこにあるのは「これって何だろう？」

という目の前のものや現象に対する好奇心であったり、「こうしたらどうなるかな？」という飽くなき探究心であったり、「次はこうしてみる！」という次の手を繰り出すエネルギーだったりします。子どもは気まぐれで興味も次々移りますし、大人から見て辻褄が合わないことなんて当たり前、むしろ現実世界を軽々飛び越える彼らのやり方のなんと軽やかで魅力的なことか。

　私たちは、さまざまな保育園や幼稚園でたくさんの子どもたちと一緒に絵を描いたりモノを作ったりして遊んできました。ずっと大事にしてきたのは、子どもたちを型にはめようと抑圧したり、必要以上に煽ったりすることではなく、一人ひとりのやり方を尊重し寄り添いながら、日常性から解放された彼らの時空に共に漂い楽しむことです。

　本書は〈幼年期の子どもが楽しむ美術の方法〉を私たちなりに模索し取り組んできたことをまとめたものです。子どもたちとの楽しい時間に役立てていただけると幸いです。

鮫島良一　馬場千晶

contents

0・1・2歳児

3歳児

幼児が無理なく親しむための
画材や道具の種類と考え方

保育園や幼稚園でお馴染みのお道具箱の中身を見直すことから、
幼児にとって扱いやすい画材や道具の種類や提供の仕方について紹介します。

　幼児が使う画材や道具について、その基本を〈お道具箱〉から考えてみましょう。お道具箱の歴史は古く、日本で幼稚園が始まったごく初期に〈幼児の教育には手指を使うことが欠かせない〉という考えから導入されました。現在では道具の提供にもさまざまな工夫がなされていますが、最初の教育の時点で〈子ども一人ひとりに道具を与えた〉ということは、その後の日本の美術・造形教育に多大な影響を与えたといえるでしょう。

　お道具箱の中を覗いてみましょう。

　おおよそ、〈クレヨン・はさみ・のり・油粘土〉といったあたりが入っています。

　これは、幼児が無理なく〈描く・切る・貼る・つくる〉ことが可能な造形活動の基本の道具です。その周りに紹介してあるのは、基本の道具からの広がりです。

　子どもは成長していきますし、やりたいことも増えていきますから、それに合わせて他の道具を検討したり、新たな画材に挑戦してみたりするとよいでしょう。

　子どもたちが画材や道具に親しむことは、造形の始まりです。

　そして道具を上手に使えるようになる最大のコツは、繰り返し楽しんで使うことです。

　本書では、これらの道具や画材との楽しい出会いや展開の方法をたくさん紹介していますから、ぜひ参考にして挑戦してみてください。

描く道具の仲間

クレヨン・パス・コンテ（コンテパステル）・蜜蝋クレヨン
クレヨンやパスは、細くて硬いタイプのものから柔らかくて太いものまで種類が豊富です。コンテ（コンテパステル）は、顔料のつなぎの油がなく、ふわっとした柔らかい描き心地が楽しめ、手で擦って広げたり混色したりすることができます。蜜蝋クレヨンは、原料が安全で、四角い形を活かして積み木感覚で遊べます。

クレヨン　パス　コンテ　　　コンテ12色　　　　　蜜蝋クレヨン

色鉛筆・鉛筆・ボールペン
より細かい線を描くときに向いています。鉛筆の濃さは2B〜4Bがおすすめ。色鉛筆もあると、細かく描いたり色をつけたりが可能となります。

水性ペン・油性ペン
水性ペンは小さい紙に描く活動のときや、スケッチなどにおすすめです。油性ペンは、プラスチック素材、廃材などに幅広く使えます。

【基本の道具（お道具箱）】

クレヨン

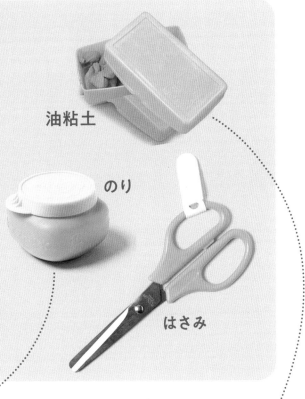

油粘土

のり

はさみ

お道具箱

お道具箱は園によってさまざまですが、3歳児クラスに進級（または入園）したら、クレヨン・はさみ・のリ・油粘土を個人持ちの道具として管理できるようにすると、いつでも自由に使えるので慣れやすく、表現がより身近なものとなるでしょう。

貼る道具の仲間

セロハンテープ・ビニールテープ・丸シール

セロハンテープは身近な道具ですが、3歳児ではテープカッターで切るのはやや難しく、5歳児になれば簡単に扱えます。ビニールテープははさみで簡単に切れるので、3歳児でも使えます。丸シールはシートを細かく切り分けて子どもに渡すとよいでしょう。

ホチキス

4歳を過ぎたら挑戦したい道具です。使えるようになると、工作力が格段にアップし、活動の幅も広がるので、おすすめです。

水のり・木工用接着剤

でんぷん糊で十分ですが、手間をかけずすばやく貼れるので、のりを〈貼る道具〉として使うようになった5歳児の構成遊びなどに最適です。木工用接着剤は紙皿などに出してスプーンですくえるようにしておくと使いやすいです。速乾タイプは素早く乾くので便利です。

粘土の仲間

小麦粉粘土・土粘土

日常的に使える油粘土の他に、小麦粉と水で簡単に作ることができる小麦粉粘土は、触って遊べて幼い子にもおすすめです。土粘土は、ダイナミックに遊ぶことも焼き物にすることもできます。

遊びが広がる絵の具の仲間

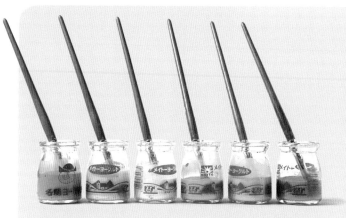

絵の具

幼児用ポスターカラーがあります。チューブのものやボトルのもの、メーカーによっていろいろあります。

絵の具セット（絵の具、ビン、筆）

ビンに入れた絵の具と筆を、本書では〈絵の具セット〉と呼びます。ヨーグルトなどのガラスビンは、安定感があり丈夫で割れにくく、幼児が手で持てるくらいのサイズなので安全です。絵の具の色は、赤・青・黄の3原色に白を加えた4色を基本に、好みや活動内容に応じて色を足しましょう。原色では色が強く思えるとき（初めてのときなど）は、桃色・水色・黄色に黄緑や橙色というようなやわらかめの色の組み合わせがおすすめです。

筆

大きいものは16号、小さいものは8号くらいがおすすめです。

【年齢や活動に合わせて使う絵の具の仲間】

パレットセット
（絵の具・トレイ・筆・水を入れたバケツ・雑巾）

本書では絵の具を出したトレイ、筆、バケツ、雑巾を〈パレットセット〉と呼びます。5歳児が絵の具の色作りなどで使うパレットです。紙の上でのぬりたくりや混色を十分楽しんでから、パレットを使うとよいでしょう。

固型水彩絵の具

固型水彩絵の具は、必要なときに、いつでも手軽に取り出して絵の具が使えるようになるのでとても便利です。描く紙はB4もしくはその半分ぐらいサイズの画用紙がおすすめです。絵の具の色が水で広がったり、コップの水の色が変わるのを楽しんだり、絵の具と水と紙の出会いを楽しめます。

うめばちパレット

使いたい色を入れて、水をつけた筆でのばしながら使います。色を混ぜたいときは、画面の上で直接混色します。

タンポ・ローラー・スタンプ

筆以外にもいろいろな道具を使って遊べます。手応えや筆跡も異なり、表現の幅も広がります。

墨汁・割り箸ペン

5歳児が細かく描写する際に使うと効果的です。

紙・自然素材の仲間

画用紙・色画用紙・折り紙・お花紙・新聞紙・
ダンボール・白ボール紙

自由画帳や広告紙、折り紙などは、いつでも自
由に使えるようにしておき、しっかり絵を描くと
きは画用紙を使います。画用紙は通常、四つ切り
（B3サイズより一回り大きい）、八つ切り（B4よ
り一回り大きい）と呼ばれるサイズで販売され
ていますが、本書ではイメージしやすいように
B3、B4と記載しています。厚さもメーカーによ
りさまざまありますが、工作でも使いたいので、
しっかりとした特厚（170kgくらい）がおすすめ
です。たくさんの種類の紙がありますから、それ
ぞれの特性や違いを知り、使い分けましょう。

葉・木の実・枝など

自然素材は、他の人工的な素材のように
使いやすく加工をされていない分、形を作
るうえでは扱いにくい面もありますが、それ
以上に何ともいえない質感と、同じものが
二つとない魅力があって愛着がわきます。

身のまわりにある素材の仲間

リサイクル用品
（空き箱・ラップの芯・トレイなど）

身のまわりで不要になったさまざま
なものが、工作遊びに役立ちます。
空き箱やラップの芯、プリンの容器
やペットボトルの蓋、食品トレイ、使
い残しの毛糸など。各家庭に協力し
てもらって集めましょう。アレルギー
のお子さんも増えていますから、乳
製品や小麦粉などが入っていた容
器の使用の可否は、事前に確かめる
ようにしましょう。

生活用品
（紙コップ、アイスの棒、ストローなど）

紙コップや紙皿、ビニール袋やスト
ローといったさまざまな生活用品
も、便利で扱いやすいので遊びや
工作に活躍します。必要に応じて
出せるように普段からストックして
おきましょう。

保育用品
（モールやテープなど）

モールや丸シール、テープやリボン
といった保育用品は、他の素材と
組み合わせて、必要に応じて少量
ずつ出すとよいでしょう。

造形活動を行ううえでの
大事なことリスト

これらは、すべての造形活動の基本となる項目です。
保育の方法はさまざまありますが、子どもがいて、もの（素材や道具）があり、
そこに保育者が関わることには変わりありません。園で子どもたちが
のびのびと自己を発揮しながら、描いたり作ったりすることを保障するために、
あなたは何を大事にしていますか？　活動の前にチェックしてみましょう。

●準備と計画

□ 一人ひとりの作業スペースを確保する

安心してゆったりとした気持ちで、個々のペースで
取り組めるようにしましょう。

□ やりたくなったときに
いつでもできる造形コーナー

身近な場所に自由に使える素材や道具があると、
子どもたちの遊びの幅が広がり創造的に動き始め
ます。何をどれくらい出しておくか、子どもの様子に
応じて増やしたり減らしたり、新しく加えたり。新
鮮さを保つようにしながら継続するのがコツです。

□ 十分かつ適当な素材の
質と量を考慮して準備する

素材は活動の内容に応じて変わりますが、子ども
の遊びを大きく左右します。必ず自分で試してみま
しょう。普段からいろいろな素材を使えるようにし
ておくことも大切です。

□ 無理のない道具の選択と活動

道具は正しく使いこなす前に、たくさん遊ぶ経験
が必要です。そのためにも、よい出会いや楽しい経
験の機会をつくりましょう。触らせない＝危険防
止ではありません。

□ 子どもの興味に添っている
題材（遊び）の提案

時々でもかまわないので、子どもたちが夢中になる
おもしろい活動（遊び）を提案しましょう。普段の遊
びの幅がぐっと広がります。日々の保育の中での子
どもたちの関心が、何よりも活動のヒントになります。

●活動の導入

□ 活動の導入は、やさしく、楽しく、
子どもがやってみたくなるように

〈おさそい導入のすすめ〉
基本は「今日はこんなのがあるよ、ちょっとやって
みるから見ていてね」というように、子どもが自然
に興味をもち、やりたくなるように工夫しましょう。
導入が〈単なる説明〉になってしまわないように気
をつけましょう。

【導入のポイント1】
子どもと呼吸を合わせながら、
ゆっくりと筆を持つ手を動かす

子どもそっちのけで上手に描いてもだめです。
「やって、やって」になってしまいます。

【導入のポイント2】
こんなこともできる、あんなこともできる
という可能性を紹介する

こうするしかない、という導入では、
それぞれの表現活動ではなく、
見本をなぞるだけの作業になりがちです。
すると子どもは「できない」「わかんない」
「やりたくない」となってしまいます。

●活動での関わり方

☐ 時々寄り添うような 関わり方をする

活動が始まったら、子どもが思い思いに遊ぶのを見守り、適度に関わるような距離感が大事です。監視しているふうにならないようにしましょう。上からの目線ではなく横に並ぶ感覚で、子どもの近くに寄り添い、同じものを味わえる楽しさや、心に触れる喜びを感じてください。

☐ 楽しく言葉を交わす

「○○みたいだね」「きれいな色だね」「この形かっこいいね」など、思ったことや感じたことを言葉にして伝えましょう。すると、子どもは「うんそうだよ……」「ちがうよこれは……」と話し始めます。保育者の言葉かけは、子どもの思考が広がる手助けになります。子どもは、自分に関心をもってもらえるのがうれしいものです。〈先生は、ぼくのやっていることをちゃんと認めてくれるんだ〉とわかると、そのうち子どもは「いいことおもいついた！」と、のびのびと自分の思いを主張し、表現するようになっていきます。

こうしたサイクルができてくると、
造形活動の時間は、保育者にとっても、
子どもの内面に触れることができる
楽しい時間となります。
「次はあの子、どうするかな？」と関心をもって
活動を行うことができ、その後の活動を
計画するのが楽しみになります。

●活動の終え方

☐ 早く終わった子が できることを決めておく

活動を早く終えた子は、絵本を読んで過ごしたり、別の遊びに移ったりする、といったルールを作っておきましょう。それぞれのペースを大事にしたいですね。

☐ 次の約束をして、 みんなで片づける

必要なときは、続きの時間を約束したり、「またやるから、今日はそろそろおしまいね」とある程度で切り上げたりして、みんなで片づけましょう。保育者にお手伝いをお願いされると、子どもは喜び、張り切ります。使った道具を整頓したり、雑巾で拭き掃除をしたりして活動の余韻を楽しみましょう。

子どもの成長の流れを
大きくつかんでおきましょう

古くから子どもの成長を、人間の発達の段階としてとらえる試みはされていますが、
こと細かく規定しすぎると、あたかも正しい基準があるかのようになってしまいます。
かといって、成長という面を抜きにして子どもの教育（保育）は成立しませんし、
少しは見通しがないと保育者も不安になってしまいます。そこで、〈造形〉を保育の中に
無理なく位置づけるためにも、先入観にとらわれず広い視野に立って、
子どもの成長を大きくつかんでみることにしましょう。

〈乳児期〉
0〜2

乳児期は、人間の生活のおおよその
〈基本フレーム〉を獲得する時期です。

　子どもは、1歳を過ぎる頃になると立って歩き始め、そのこ
とが契機となって飛躍的に行動範囲を広げます。赤ん坊の頃
はまだ自分では何もできませんが、動けるようになると、それ
まで見てきた身近な人のふるまいをなぞり、自分でしようとし
ます。また、言葉を獲得し始め、「なーに、なーに」と、身のまわ
りの物事を知ろうと躍起になります。初めて〈描く〉のもこの頃
です。子どもは描くことの意味を理解するより先に〈ペンを手
に持ち、紙につけること〉といった人の仕方をまねすることか
ら始めます。まねを繰り返すことにより、やがてその行為の意
味や実感を獲得していくのです。
　2歳頃になると、さらに目が離せないほど活発になります。
一方、一度覚えたことに固執したり頑固になったりと、しばし
ば周りの大人を困らせます。それは、人のやり方を一生懸命
覚えて身につけていこうとする表れと見るべきでしょう。造形
活動においても、自由な発想というよりは、「リンゴだから赤く
塗るの」など、事実を忠実になぞることを好む傾向が見られま
す。ベテランの保育者は、この時期の子どもの生真面目さをよ
く知っていて、保育に役立てます。

お絵描きの変化

だいたい1歳
手の往復運動
（がきがき）

1歳半ば頃
手の回転運動
（ぐるぐる）

2歳頃
ゆっくり丸をかく
（形をくくり、
名前をつける）

2〜3歳頃
お話ししながら
手を動かして描く

〈幼児期〉
3〜5

幼児期の特徴は〈遊ぶ〉ことを通して、自分なりの志向性や価値観、つまりは〈自己の土台〉をつくっていく時期です。

　動物が仲間同士でじゃれ合い、遊びながら生きることを学習するように、人間の子どもも〈遊ぶ〉ことを通してたくさんのことを学びます。それまでの家庭という守られた世界から一歩出て、知らない友だちや、さまざまな文化・物事の広がりと〈出会う〉のが園という場の役割です。そこでは、ある程度安心して見守られながら、仲間の中で自分を〈試す〉ことができます。入園当初は、当然ぶつかり合ったり、もまれたりもしますが、だんだん「イヤ」「ダメ」「ぼくはこうなの！」と主張をするようになっていきます。そして、仲間と一緒に過ごしていくうちに、次第にお互いの主張や反応を受け入れながら遊べるようになっていきます。

　造形活動も、素材や道具との〈出会い〉から始まります。初めの頃は、触るだけで満足したり、ぐちゃぐちゃにまみれて遊ぶことを繰り返しますが、次第に偶然生まれた痕跡に対し、「ああしてみよう」「こうしてみたらどうだろう」と主張を切り返すようになっていきます。目の前にあるものによって、繰り返し試すことができ、手応えを得られるのが、造形の強みといえるでしょう。

　さらに5歳を過ぎると、〈みんなの中の自分〉ということを強く意識するようになっていきます。共通の土台の上で「ぼくはこうなんだ！」「わたしはこうしたいの！」という主張ができるようになってくる時期です。造形面では、道具や素材と戯れることに夢中になっていた時期をほぼ脱し、〈何を・どんなふうに〉描いたり作ったりするか、つまりは〈自分はどう表現するか？〉といったことに興味が移ってくるのが特徴です。中には、〈他人にどう見えるか〉という演出まで意識する子が出てきて、驚かされることもあります。

3歳〈絵の具〉　　　　　〈道具〉

まみれて遊ぶ、ぬりたくりの世界

使うこと自体を楽しむ

4歳

画面を意識し、あれこれ試す

思いを試し、あやつれることが楽しい

5歳

目的をもって、自分なりに表現する

目的のために意図して使う

さて、ここまで大まかな子どもの成長の流れに沿って、造形的な成長の様子を述べてきましたが、あくまでもこれは目安にすぎません。成長の早い子もいれば、ゆっくりゆっくり育つ子もいます。大事なのは、それぞれの子の心身の成長をしっかり見守るということです。

身のまわりの造形的な環境

屋外

園庭は、子どもたちのさまざまな遊びが創造される絶好の空間です。
友だちと駆け回ったりして遊ぶのはもとより、虫や花と出会って仲良くなったり、
水や土で実験が始まったり、トンチンカンチン大工仕事も行われます。
子どもたちの会話に耳をすますと、おもしろい会話や謎の計画が聞こえてきます。

子どもと自然

　子どもにとって、自然は最高の遊び相手です。土の地面の場所に行くと、幼い子どもはすぐにしゃがんで手で触ってその感触を確かめます。雨が降って水たまりができると、必ずといっていいほど足を入れ、水が跳ねたり色が変わったりするのをおもしろがります。子どもは本来は、自由にふるまいますが、自然（物）はその〈自由〉な働きかけに対して、その時々にさまざまな〈偶然〉を返します。この思いがけない反応がおもしろくてたまらないから、子どもは繰り返し手を出し、足を出し、ちょっとずつそのやり方を変えてみては新たな反応を楽しみます。私たち人間は、モノや自然をコントロールしたいという思いをいだきますが、同時に偶然を楽しみ、そこにさまざまなイメージを重ねたり、新たな工夫を生み出したりしていきます。ふっと足元を見るとアリが餌を運ぶ場面に遭遇したり、足元にきれいな形の石を見つけたり、自然は発見と驚きに満ちています。

　園庭環境を整えることは、子どもたちの創造的な遊びの世界を保障することにつながります。自然環境に恵まれた園もあれば、都市の中の園もありますが、子どもたちの小さな発見や創意工夫を大切にすることに変わりはありません。子どもたちが出会う偶然を楽しみ、チャレンジすることができるような屋外環境づくりをめざしましょう。

土・土山

土は砂よりも手強いですが、そのおもしろさは格別です。穴を掘ったり運んだりの土木工事が行われたり、水や砂と合わせて化学の実験のような料理ごっこに用いられたりします。

水場

私たちの生活に欠かせない大切な水は、子どもたちの遊びのうえでも大きな要素です。流したり、混ぜたり、濡らしたり、洗ったり、かけたり、あらゆることを試します。

草花

花をつんで水に溶いて色水を作っています。

樹木や木の実

木登りをしたり、木の枝や木の実を遊びに使ったり、何かを作る材料に使うこともできます。それ以上に、ずっとそこに存在しているということ自体が大きな意義です。

ルースパーツ

丸太や板や木箱などがあると、工夫して使います。釘打ち遊びや木工も、屋外ならではの楽しみです。

テラス

内と外の中間の場所として、意味ある大事な場所です。植物や生き物の世話をしたり、机を出して活動をしたり、雨宿りを楽しんだり、遊び場になったり、子どもの居場所になったり、工夫次第でいろいろなことができる自由度の高い空間です。

室内

幼年期の子どもは、いろいろなモノに触れて試して遊び、
自分の中で物事のイメージを膨らませながら知恵や感性を獲得していきます。
室内には、積み木や人形といった玩具だけではなく、造形的な素材や道具が加わることで、
より豊かなイマジネーションの世界が広がります。子どもの成長や遊びの状況に応じて、
安全面に配慮しながら環境を整えましょう。

〈造形コーナー〉のすすめ

　乳児期の造形活動は〈大人と一緒に〉ということが基本ですが、少しずつ〈ほうっておいてもらえる〉という信頼が個々の成長を支えます。幼児期になったら、より自分の意思で自分のやり方で満足するまで取り組むことができるように、活動の方法や環境を配慮していく必要があります。一斉に行うタイプの造形活動でも個々の興味やペースを尊重するべきですが、もうひとつの方法として提案したいのが〈造形コーナー〉です。

　〈造形コーナー〉とは、いつでも描いたり作ったりすることができるように素材や道具が置いてある創作活動のためのスペースのことです。園によっては保育室とは別に〈アトリエ〉があったり〈木工室〉があったりしますが、そうした特別の場所がなくてもちょっとした工夫で自由な創作の場を設けることができます。

　例えば、テーブルの上にペンと小さな紙があるだけで、お絵かきや手紙ごっこが始まります。色紙やはさみがあると切って料理が始まるかもしれません。切ったものは貼りたくなりますから、テープもあるといいですね。空き箱や紙筒などの廃材があると、それらを見立てて使ったりする遊びが始まり、作る遊びにつながります。分量も全員分でなくていい

造形コーナー

机を2台ぐらい並べて、その上に素材や道具を置いたらそこはもう〈造形コーナー〉です。遊びの発展に応じていくうちに〈ジュースやさんコーナー〉になったりしてもいいし、広げたり縮小したり移動したり、子どもの遊びの拠点のひとつとして柔軟に運営しましょう。

ので、その都度あるものを。あとは、子どもが「ひもはないの？」とか「これがほしい！」と言うのに応えたり、「こういうのがあるとおもしろいかな？」という保育者のアイデアで素材や道具を足していくとよいでしょう。

すてきな材料

画用紙の切れ端やお菓子の包み紙などの使えそうな紙を箱に入れて一緒に出すと、吟味して使うようになります。季節にあった自然素材をビンなどに分け、材料として使えるようにしておくのもおすすめです。

リサイクル素材置き場

保護者の協力を得て、お菓子の空き箱や紙筒などの廃材を集めましょう。食材や飲料が入っていたものはよく洗って乾かしてから持ってきてもらい、アレルギーがないか確かめてから使えるようにしましょう。

お宝ボックス

お道具箱がある園は多いのに、お気に入りのものや作りかけのものを入れる作品箱（お宝ボックス）がないのが不思議です。家から靴の空き箱を持ってきてもらって、子どもに渡すとコレクションが始まります。一人ひとりのこだわりが詰まっていきますので、たまに覗かせてもらいましょう。

廊下スペース

素材を置くのもよいですが、作りかけのものなどを置く棚があると、子ども同士の刺激になります。ダンボールを運んで秘密基地を作るのも楽しいです。廊下って、大人の支配下にない感じがするから、子どもは好きなんです。

造形ボックス

取手つきのボックスに使いたい道具をひとまとめにしておくと、いつでもさっと出せて、持ち運びも片づけも簡単です。

0・1・2歳児

「自分でやりたい!」気持ちを育む

落ち着いた生活を拠り所に、
少しずつ子どもたちの冒険が始まります。
特別な造形活動を行う必要はありませんが、
身のまわりのいろいろなことに
興味をもって「自分でするの!」と
意欲的になるような
生活を心がけていきましょう。

0·1·2歳児の生活と造形

モノを介したゆるやかな対話

　この世に生を受けた子どもは、たどたどしくもたくましく、その身体と心を精いっぱい使いながら身のまわりの世界を受け止め理解しようともがきます。徐々に姿勢が保てるようになると、ゆっくりと動き始め、近くにあるいろいろなモノをじっと見ては手を伸ばし、叩いたり引っ張ったり、時には口に入れたりして、五感を通してそのもののありようを確かめます。

　大人になると「これはこういうモノだ」と物事をわかったつもりで合理的に過ごすようになりますが、幼い子どもは「これって何だろう?」を生きていますから、大人から見ると一見無駄に見えるような行動も彼らにとってはやらずにはいられない大事な営みであり、さらにやってみると発見や手応えがある魅力的なことなのです。そして、この〈見ただけでは不確かなモノを手で触って確かめる〉という人間の思考の方法が、絵を描いたりモノを作ったりという造形活動の基本になっているのです。

　乳児期の造形を考える視点としては、〈モノとの出会い〉と〈文化との出会い〉という二つの側面から考えるとよいでしょう。言い換えれば、〈子どもはどんなモノに興味をもって触れているか〉ということと、〈お絵描きや作ることをどうやったら無理なく楽しめるか〉ということです。焦る必要はありません。安心感のある生活を心がけながら子どもと一緒に過ごしていくと、子どもが自ら動き始めますから、それに応じながら環境を整えていきましょう。

　そして何より大事なことは、子どもの行為を大人が温かく見守り共感をもってゆるやかに対話的に接するということです。あらゆる表現活動は、発信者と受信者との相互関係によって成立します。〈モノを介したゆるやかな対話〉と提案するのは、「させる」「させられる」といった一方的な関係や、「すべて理解しなければならない」といった力んだ関係ではなく、ゆったり構えて「そうかぁ、そうしたかったんだね」「ほんとだね、〇〇みたいだね」とか「ここにいるからゆっくりやっていていいよ」といったように空間やイメージをゆるやかに共有することが、表現することの喜びのもとを育むことにつながるのです。

外遊び

戸外では、思いっきり体を動かして遊ぶことも大事ですが、
のんびりと身のまわりの物事を眺めたり、興味のあるものにそっと触ったりするような、
五感や心の小さな動きも大事にしながら過ごしましょう。

配慮
普段の園庭での外遊びから、五感を通して感じたり、受け止めて共感したりすることを大事にしましょう。

さんぽ

　子どもに寄り添い同じ目線になって、おもしろいものや美しいものなどの発見を一緒に楽しみましょう。散歩といっても早く移動することが目的ではありませんから、子どものペースや発見を大切にして、時々は足を止めたり、おしゃべりを楽しんだりしましょう。保育者が子どもの興味や好奇心を受け止めて共感することが、何より表現する意欲や喜びを育みます。秋には、ドングリや落ち葉拾いも楽しいです。

column

大人も手作りを楽しもう

部屋の遊具やおもちゃを保育者が手作りして、遊びに使ったり、一緒に手を加えたりするのも、子どもにとってうれしい体験になります。外遊びの環境づくりも同様に、机や道具の配置などを楽しみながら工夫してみましょう。
　大事なのは、子どもに描かせたり作らせたりする前に、日々の生活の中で、大人自らがたくさん描いたり作ったり工夫したりすることです。身近な人のふるまいが一番の刺激になって、子どもの「やってみたい」という気持ちを育てます。

砂場

　最初は、「どうぞ」と砂を渡したり、一緒に山を作ってペタペタしたりと、ちょっとずつ始めてみましょう。何より子どもが楽しいのは、保育者や友だちと一緒に遊ぶことです。砂場遊びも、始めから誰もが好んで遊ぶわけではありません。「楽しい」「うれしい」という経験が、積極性や意欲を育みます。スコップやバケツなどの道具も、一緒に遊ぶきっかけになります。

　慣れてくると、保育者が近くに居さえすれば、子ども同士で遊ぶようになります。また、水を加えたがるようになったり、砂場からせっせと砂を運び出したりと、遊び方も大胆になっていきます。

配慮
衛生面や健康面に十分注意して、楽しく遊びましょう。

水遊び

　水は、砂や土と並んで、子どもにとって最高の遊び道具のひとつです。夏は毎日の日課になるほど、子どもは好んで水で遊びます。暑い日の場合は、浅いビニールプールやベビーバスで行水のように入って遊ぶことが多いですが、プールに入らなくても水があるだけで子どもははしゃいで遊びます。ジョウロや水を入れるカップなどの容器があると、何かの実験をしているかのように繰り返し水を入れたり出したりして遊びますし、水が入った重いバケツを運ぼうと悪戦苦闘したり、地面に流してタプタプとそのプリンのような感触を楽しんだりします。

配慮
1歳までは、砂を口に入れたり、投げたりすることがあるので、十分注意しましょう。

花や虫

　足もとの小さい虫の動きを、子どもは不思議そうにジーッと見ています。次はどっちの方向に進むのか、気が気でないようです。普段大きな人たちに囲まれている彼らにとって、小さな生き物の存在は何だか他人でないような……。自分ではまだうまく捕まえられないけれど、虫取りができるお兄さんやお姉さんに憧れを抱いています。

　花も気になる存在のようです。きれいに咲く姿としおれる姿の両方が気になるようで、無機物ではない命としての姿に不思議さと美しさを感じているのかもしれません。小さな花を摘んで飾ってやると喜び、またやろうとせがみます。たんぽぽの綿毛や猫じゃらしも人気です。

配慮
棘があったり噛まれたりすることもまれにあるので、触れる際は気をつけることも伝えましょう。

室内遊び

保育室は、子どもの生活の場です。居心地のよい空間であるとともに、子どもの興味や
好奇心が育ち、安心していろいろなことに挑戦できる環境にしていきたいものです。
その環境の中で、お絵描きや、はさみなどの道具を使うことにも次第に興味をもち始めます。

ペン

　コピー用紙や広告の裏でもいいので、A4くらい
の紙をいつも用意しておき、朝や夕方のちょっとし
た時間に〈かきかき〉して遊びましょう。保育者が
描いていると子どもが寄って来るので、「やってみ
る？　どうぞ」というように始めると、だんだん輪が
広がって遊びとして定着します。また、シールを貼
るのも好みます。お絵描きが終わったら、名前と日
付、それに子どもの言葉を小さくメモしておくこと
を忘れずに。あとからよい記念になります。

記慮
お絵描きのときは、子どもが思
い思いに遊ぶのを見守りつつ、
話をよく聞きましょう（P.11 活
動での関わり方参照）。

クレヨン

　2歳頃に行うと、子どもが手応えを感じながら
遊ぶのがよくわかります。ペンとは違い、グリグリ
塗りつけたり、色を重ねて遊んだりします。紙は、
しっかり描けるように画用紙を準備します。また、
机に模造紙を貼ってみんなで描いたり、いろい
ろな形に用意しておいた紙（例えば魚の形など）
に描いたりするのも盛り上がります。

記慮
乳児の間は、クレヨンは個人持ちではなく、
必要なときに保育者が出してあげましょう。
元の箱に整然と入っているよりも、小さな容
器に小分けにして入れておくほうが、子ども
が取り出しやすいです。ブロック状の蜜蠟ク
レヨンは、側面でこすったり、並べたり積み
重ねたりして遊べる楽しさがあります。

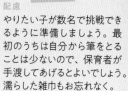
配慮
やりたい子が数名で挑戦できるように準備しましょう。最初のうちは自分から筆をとることは少ないので、保育者が手渡してあげるとよいでしょう。濡らした雑巾もお忘れなく。

絵の具

　好奇心が旺盛で、お絵描きが好きなようなら挑戦してみるのもよいでしょう。色数は3色ぐらい、ビンや牛乳パックを切ったものに描きやすくゆるめ(絵の具1に対して水3〜5くらい)に溶いておきましょう。おっかなびっくり筆を手渡される子もい

れば、大胆に筆を摑んで絵の具を塗りつける子もいます。絵の具に直接手を触れることにも夢中になります。筆以外に割り箸の先に綿をつけ布を巻いて輪ゴムで留めた〈タンポ〉を使うと、たくさん絵の具を含んで長く描いて遊べます。

小麦粉粘土

　小麦粉に水を加えてよくこねて、パン生地のような粘土で遊びます。魅力はいつまでも触っていたくなる柔らかな感触と、引っ張るとびよ〜んと伸びるところ。優しい匂いも心地よいです。手早く作るコツは水を多めに柔らかく作り、そこに粉を加えて程よい硬さになるよう調整すること。サラダ油を少し加えると滑らかになり、食紅で色をつけることもできます。粘土だからといって形を作ろうとする必要はありません、紙皿やままごと道具も一緒に出して、「どうぞ」「どうも」と遊ぶのも楽

しいものです。気をつけることは、小麦粉アレルギーの子どもがいないかどうか事前に確かめておくことです。最近は、柔らかくてカラフルな紙粘土が100円ショップで手に入り、これも乳児の遊びに適しています。

配慮
水加減やこね具合であらかじめ使いやすい柔らかさにしておきましょう。遊んだ後はビニール袋に入れて持ち帰ってもいいでしょう。

紙・新聞紙・ダンボール

新聞紙のような柔らかなシート状の紙は、少しの力で形を変えるので、くちゃくちゃにしたり、破ったり、振りまわしたり、被ったりして遊べます。シフォンなどの柔らかな布も遊びに大活躍。一方、同じ紙でもダンボールのような硬いボードは、箱にしておいて中に入ったり、床に敷いて寝転んだりとその丈夫さや構造を活かして遊びに使うことができます。大きなダンボールを組み立てておくと、部屋の中にもうひとつ部屋ができたようになり、空間を活かした遊びが始まります。

配慮
柔らかな紙は、感触や変化を楽しめます。切ったり貼ったりするようになる前の遊びです。

配慮
被ったり、破って撒いたり、引っ張ったり、楽しく遊べます。滑って転ばないように、気をつけましょう。

配慮
みんなが入りたがるので、けがをしないように見守りましょう。置き方に気をつけたり、入り口を作ったりするのもよいでしょう。

27

3歳児
素材・道具との出会いを楽しく

3歳児になると、ほとんどの子どもが
集団生活を始めます。
幼稚園に入る子は、初めての環境、
知らないお友だちと、
ドキドキしながら出会います。
造形的には、さまざまなもの
（素材や道具）と出会うこと、
そしてたくさん遊んで仲良くなることが
活動のねらいになります。

3歳児 造形カリキュラム

3歳の活動は、素材や道具と無理なく楽しく出会う機会をつくることから始めましょう。
その後は、それぞれのペースで繰り返し遊ぶことを大切に。
その子なりのやり方やこだわりを発揮し始めます。

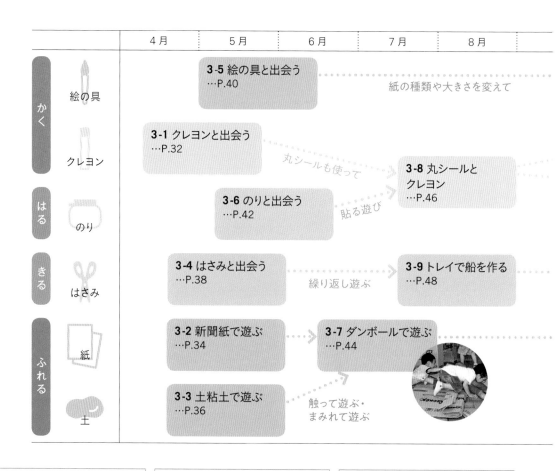

		4月	5月	6月	7月	8月	
かく	絵の具		3-5 絵の具と出会う …P.40		紙の種類や大きさを変えて		
	クレヨン	3-1 クレヨンと出会う …P.32		丸シールも使って	3-8 丸シールと クレヨン …P.46		
はる	のり		3-6 のりと出会う …P.42	貼る遊び			
きる	はさみ	3-4 はさみと出会う …P.38		繰り返し遊ぶ	3-9 トレイで船を作る …P.48		
ふれる	紙	3-2 新聞紙で遊ぶ …P.34		3-7 ダンボールで遊ぶ …P.44			
	土		3-3 土粘土で遊ぶ …P.36	触って遊ぶ・ まみれて遊ぶ			

粘土

触れる遊びとして、小麦粉粘土や紙粘土もおすすめです。普段の遊びには、油粘土を使いましょう。(3-3)

はさみ

〈はさみと出会う〉の後は、あまり間をあけずに繰り返しはさみで遊ぶ機会をつくりましょう。サイズや種類の違う紙にも挑戦してみましょう。(3-4)

丸シールやビニールテープ

丸シールは3歳児が簡単に貼れる遊びとしておすすめです。ビニールテープも同様に簡単にはさみで切ることができるので、さまざまな素材と組み合わせて遊ぶことができます。(3-8、3-9、3-16)

● 年間のねらい
さまざまな素材や道具と楽しく出会い、のびのび遊ぶ

【1年の活動の流れと考え方】
STEP1──さまざまな素材や道具と〈楽しく出会う〉体験
STEP2──楽しく出会った素材や道具で〈繰り返し遊ぶ〉体験
STEP3──素材や道具を、より意識的に〈遊びあやつる〉体験

	9月	10月	11月	12月	1月	2月	3月

いろいろな
大きさの紙に
描こう

3-12 大きな紙に描く
…P.54

絵の具だけのときは徐々に
濃く溶き、クレヨンと一緒の
ときは薄く溶く

3-15 濃い絵の具
…P.60

3-11 小さな紙に描く
…P.52

**3-14 クレヨンと
絵の具で描く**
…P.58

紙の形を工夫して

3-13 形を楽しむ
…P.56

切る・
貼る・描く
同時進行

**3-16 切ったり、
貼ったり、描いたり**
…P.62

はさみを
工夫して使って

**3-10 3歳児の
簡単工作**
…P.50

いろいろな
素材を使って

普段から、室内・野外で
いろいろなものに
触れて遊ぼう

※時期はあくまで目安です。

ペン
ペンは子どもたちにとって身近な〈かく〉道具です。クレヨンよりも細かく描けるので、子どもたちの小さな世界を垣間見ることができます。
（3-11）

絵の具
絵の具は溶き具合によって、薄くゆるくも、濃く硬くも使えます。最初の頃は、筆がスムーズに動くようにゆるめに溶き、活動の回数を重ねるごとに少しずつ濃くしていくとよいでしょう。慣れてくると、濃い絵の具で少々筆が重くてもぐいぐい描くようになりますし、にじまずに筆跡がはっきり残ることが、形を意識して描くことにつながります。（3-15）

切る＋貼る＋描く
1年を通して素材や道具と楽しく出会い、十分に遊んでいくと、その子なりのやり方でそれらを工夫しながら一緒に使うようになっていきます。
（3-16）

えーと

感触を楽しむかのように夢中でクレヨンを塗りつける子、じっくりと慎重に手を動かす子、中には得意な絵を描く子もいて、それぞれの個性を知るきっかけになります。

**活動の
レシピ**

素材・道具	事前準備
画用紙 （B3またはB4） クレヨン （16色ぐらい） 鉛筆 （保育者用）	画用紙の裏に名前を書いておく 導入 ①クレヨンを紹介して画用紙を配る ②保育者が少し描いてみせる 配慮 〈絵〉を描かせることを目的とせず、 〈お絵描き〉を一緒に楽しむ精神で! 絵にお話があるときは、画用紙に鉛筆で小さくメモしてあげる。クレヨンは柔らかいものがおすすめ

クレヨンと出会う

ドキドキの新年度スタート。初めての造形活動として、
クレヨンでのお絵描きはいかがでしょうか？

まずは、楽しい活動の時間と空間を子どもたちとの間につくることからスタートします。「お道具箱から、自分のクレヨンをそぉっと大事に出してみよう」。これだけのことでも、なかなか出せなかったり、中身が飛び出したりと、最初は結構大騒動。ですが、「だいじょうぶ、ゆっくりでいいよ」と、おおらかに対応しましょう。 準備ができたら、一人ひとり名前を呼んで画用紙を渡します。「お返事上手だね」「どうぞ」「おまたせしました」。紙一枚をもらうのだって、みんなドキドキ。だからニコニコ楽しく配ります。

保育者がちょっと描いてみせてからでもよいし、手をぶらぶらと体操してから始めてみるのもよいですね。クレヨンでのお絵描きは、ほとんどの子が経験していることですので、それぞれのペースで安心して楽しめるようにしてあげること、そして一人ひとりのやり方に関心をもって接することが大切です。子どもにとっては、〈先生にちゃんと見てもらえている〉〈僕のことわかってもらえる〉ということが、何よりの表現する喜びになります。

（ん）

絵についての子どもの言葉を保育者が書き留めておくと、よい記録になります。

（みてみて！）

years
3

action
かく

tool
クレヨン

新聞紙で遊ぶ

新聞紙は、たたんだり、丸めたり、破いたりと、どんどん形を
変えることができる、遊びがいのある素材です。
全身を使って、思いっきり遊んで楽しむ活動です。

かくれ
ちゃった〜

新聞紙を広げる

活動の
レシピ

素材・道具	事前準備
新聞紙 ビニール袋 スズランテープ	新聞紙を大量（1人1部程度）に用意 し、開いて半面サイズに切っておく 導入 ①半面サイズの新聞紙を1人1枚配る ②新聞紙の形状を変えながら遊ぶ 配慮 けがをしないように、盛り上がり過ぎ たときは、クールダウンも必要

おやすみ
なさーい

お布団にしてみよう

起きたら
たたんでみよう

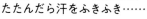

たたんだら汗をふきふき……

ボール
だよ〜

一度そっと開いて、今度は丸めてみよう！

そーっと広げてみたら……

帽子になった！

アイロンをかけるような気持ちで広げる

新聞紙で
遊ぶ

今度は
フカフカ
お布団に!

気持ちいい〜

今度は
ビリビリに
破いて
みよう

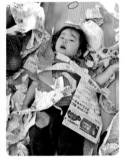

ビリビリになった新聞紙を床いっぱいに散らして、
泳いだり、投げたり、また寝たり

もっとたくさん破いちゃえ!

おみやげ!

一段落したら、
ビニール袋に新聞紙を詰める
(実はお片づけ)

スズランテープで
ビニール袋を縛って、
外に行こう!

years
3

action
ふれる

tool
新聞紙

テラコッタ粘土は、焼くと埴輪やレンガのように朱くなる
素焼き用の粘土です。粘性が比較的弱く、手離れがよいので、
幼い子どもの粘土遊びに向いています。

どんな粘土を選ぶ？

土の粘土は、産地によってき
めの細かさや粘り気の違い、
焼き上がりの色味や質感の違い
など、さまざまな種類があります。
今回は焼成を目的としない粘土
に触れて楽しむ遊びとして、〈テ
ラコッタ粘土〉を紹介しましたが、
他の一般的な陶芸用の粘土でも
楽しめます。粘土はネットなどで
購入可能です。もしも購入でき
ない場合は、園庭の土を掘り返
して遊ぶのでもよいでしょう。

粘土の保管方法は？

粘土の活動でもっとも大事な
のが、その堅さの調整です。
堅すぎると扱えず、柔らかすぎる
と手にまとわりついてしまいます。
購入してすぐの状態を保つのが
基本になるので、使い終わった
らバッカーなどの完全密封の容
器にちぎって入れ、軽く水をか
け、しっかり蓋をしておきます。
日の当たらない冷暗所で保管し
ましょう。

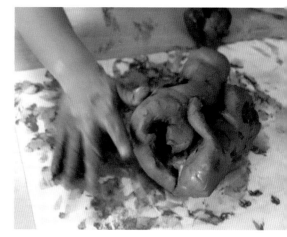

こちらは信楽粘土の中荒。テラコッタ粘土よりも
やや目が細かく詰まっています。

土粘土で遊ぶ

触って感じて、作って壊して……子どもたちの心と体と共に、粘土も動きます。
そんな変幻自在な〈土〉の粘土で思いっきり遊ぶ体験です。

子どもたちにとって身近な〈土〉でできた粘土。触ってみるとひんやりしていて気持ちがよく、自分の働きかけや関わりがそのまま痕跡や形として残るという魅力があります。何かが生まれそうな柔らかさと、その形がある程度保たれる堅さの絶妙なバランスにより、子どもたちの発想もどんどんふくらみます。

ドンと机にたくさん出して、大量の粘土でダイナミックに遊んでもよい

ですし、1kgぐらいの小さな塊をそっと一人ずつ渡すのもよいでしょう。最初はおそるおそる触っていた子たちも、だんだんと身も心も粘土と共にほぐれていき、遊びに夢中になっていきます。つまんで握って、丸めて並べて穴を開けて、積み上げて上に乗って……。圧倒的な存在感の粘土と格闘しながら、のびのびと遊ぶ活動です。

落ちたらワニに
食べられるんだ

大きな島をつくっているの！

years
3

action
ふれる
つくる

tool
土粘土

37

活動の
レシピ

粘土をさぐってこねる遊び→形をひねり出す遊び
に展開していきます。

素材・道具
テラコッタ粘土
（子どもにも扱いやすく、
そのまま焼いても割れにくい
素焼き用の粘土。ダイナミック
に遊ぶことが目的の場合は
4〜5人あたりに20kgくらい、
個々で遊ぶ場合は1人につき
1〜1.2kgくらいを目安に）
バッカー
（保管用の容器）

事前準備
床や机をシートなどで
養生しておくと片づけが
簡単
導入
粘土を机に出して、自由
に遊ぶ
配慮
粘土の堅さの調整をする
（P.36コラム参照）

切った紙をきれいに重ねたり、色分けをしたり、慎重に細かく切ったりと、ただ切るだけでもそれぞれの子のこだわりがでます。切った紙でかんむりを作ると、喜んで遊びます。

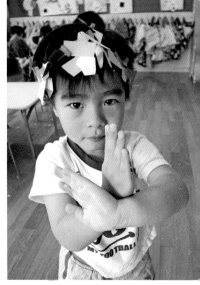

はさみと出会う

園での最初のはさみの活動におすすめ！
ちょっきん、と切るだけの、簡単なとっても楽しい遊びです。

初めてはさみで切った紙。
まるで宝物のようです。

素材・道具	事前準備
色画用紙 はさみ ビニール袋 セロハンテープ	色画用紙を2cmほどの帯状にカットして、机ごとにトレイに分けて入れておく（1人10本以上使うので十分に） 導入 ①はさみを紹介し、ゆっくりと切ってみせる ②たくさん切って遊ぶ 配慮 はさみを配ったり使ったりするのは、お話をして準備が整ってから。切る紙が薄いと手応えが少ないので、色画用紙がおすすめ

　道具の体験は最初が肝心。「使ってみたい」「やってみたい」という気持ちを大切にしたいですね。持ち方を細かく注意する必要はありません。切りにくそうだったり危なかったりしたときに、「こうやってみてごらん」と教えてあげればよいだけです。「切れた！」という喜びや実感を、一緒になって受け止めてあげてください。

　「もっと切りたい」「今度はこうしてみるぞ」と、子どもは自分なりのやり方を模索していきますから、一人ひとりのやり方に注目！ ざくざく大胆に切る子がいるかと思えば、いつもはやんちゃなあの子が、そおっとそおっと細かく切っていたり、切った紙を色ごとに分けたり、縦に長細く切る子もいたり……。普段の生活とはまたちょっと違う、子どもの姿に出会えます。

column

はさみでちょっきんした後は

た　くさん切った紙は、ビニール袋に入れてボールにしたり、お土産にしたりもできます。また、切った紙を並べて、ビューッと長くのばしたセロハンテープで上からくっつければ、〈ネックレス〉や〈かんむり〉〈七夕飾り〉に変身します。

ちょっきん

years
3

action
きる

tool
はさみ

絵の具と出会う

無理なくやさしく楽しくできる、〈絵の具遊び〉の紹介です。

　まずは、魅力的で使いやすい絵の具セット（P.8参照）を準備しましょう。初めの頃は、絵の具に対して水を多く、ゆるめに溶いておくのがコツです。筆がスムーズに動いて、手についてもさらっとしてあまり気になりません。けれども、ゆるいと持ち上げた筆から絵の具がぽたぽた垂れるので、「ビンの入り口でちょんちょんするといいよ」と教えてあげましょう。もうひとつ伝えるのは「絵の具は使ったら、元の場所に戻してね」ということ。お約束はその二つだけです。

　導入でやってみせるときは、筆を画用紙にそおっとつけたり、ゆっくり動かしたりして、子どもと目線や呼吸を合わせましょう。ちょんちょん、びゅぅぅ、ぐちゅぐちゅ。「ん、みんなもやってみる?」。絵の具の説明や導入というより、なんだか楽しそうな遊びへのお誘い、という感じでしょうか。〈何かの形にする〉なんてことは考えなくてよいので、子どもたちと一緒に〈絵の具の変化〉を楽しんでください。

むふふ…

混ざらないよう慎重に描く子もいます。

何げなくつけた色が目の前にぶわっと広がったり、混ざって変身したり、ぽたっと垂れて滲んだり……。働きかけに対して柔軟に変化する絵の具は、子どもの心をとらえる魅力的な素材です。

活動のレシピ

素材・道具	事前準備
画用紙（B3） 絵の具セット （P.8参照） 雑巾	絵の具は6色、筆は太筆（16〜18号）。絵の具セットは4人に1セット

導入
①絵の具のセットを紹介し、試しに少し使ってみせながら、お約束（本文参照）をする
②「やってみたーい」と言う声がとびだしたら、絵の具セットを配置し、紙を配る
③再度お約束を確認してから開始。子どももそれぞれのやり方を見ながら会話を楽しむ

配慮
絵の具と水は1:2くらいにゆるめに溶く

years
3

action
かく

tool
絵の具

のりと出会う

初めての〈のり〉の活動です。折り紙を手でちぎって、貼る遊びです。

折り紙は2枚ぐらい好きな色を選ばせてあげましょう。このくらいの時期は、はさみを使わないで手だけで行ったほうが、〈貼ること〉に集中して遊べます。

まずは、子どもたちの目の前で、ビリビリビリビリ〜ッとゆっくり紙を裂いてみてください。「あ、ズボンだ！」「お口だ！」、二つに裂き終わる前から、子どもは発想し始めます。「次は、小さくちぎってみようかな〜」「細長くなっちゃった、ヘビみたい」「お

っ、これロケットだ」。ちぎるのだって、とっても楽しい遊びです。

いくつかちぎれたら、今度はのりで貼ることを伝えましょう。ちぎった紙にのりをちょっとつけたら、画用紙に「ぺったりんこ！」と貼ってみましょう。のりののばし方やつけ方は、特に言う必要はありません。まずは、くっつく魅力を伝えましょう。「次はどこにしようかな〜、ぺったりんこ！」、「こんどは、こっちにぺったりんこ！」。

お山！
お山！

さかさまですが、三角の角を山に見立てています。

満足！

とにかくたくさん貼ることに夢中な子もいます。

お城ができた！
形を作る子だっています。

ヌルヌル
楽しい

この子の場合はのりをずーっといじって感触を楽しんでいます。

活動の
レシピ

素材・道具	事前準備
のり	お手拭きをたくさん（2〜3人にひとつ
折り紙	ぐらい）用意しておく
画用紙	導入
（B4またはB3）	①折り紙を選んでちぎってみせる
わら半紙	②のりで貼ってみせる
（のりをのばすと	配慮
きの下敷き）	のりを使うときは、手のベタベタが
お手拭き	気になって、いやになる子が必ずいるので、お手拭きを多めに用意する。
	鉛筆で小さくメモしてあげる

ダンボールで遊ぶ

もぐったり、乗っかったり、ダイナミックに遊びましょう。

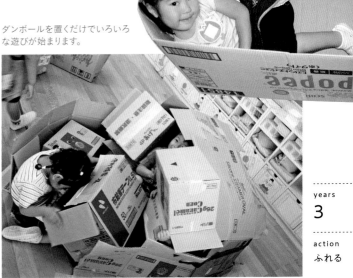

ぎゅうぎゅう

活動の
レシピ

素材・道具	事前準備
ダンボールの 空き箱	ダンボールを集める。 危険な金具は取っておく
ガムテープ	導入
カッター （保育者用）	①子どもの目の前で箱を組み立てる ②積んだり並べたり、穴を開けたりする
	配慮 保育者がカッターを使うときは周囲に十分注意する

　近所のスーパーマーケットから、ダンボールの空き箱をたくさんもらってきましょう。大きい箱がいくつかあると、子どもたちが中に入って遊べます。金具は危ないのであらかじめ取っておき、ガムテープを使って、子どもたちの目の前でどんどん組み立ててみましょう。遊びのきっかけとして、重ねて積んだり、穴を開けてくぐれるようにしたりするのもよいでしょう。「先生が何か作り始めた！」、子どもたちはそういう様子を見ることにたまらなく魅力を感じます。保育者が「ちょっと待って」と言っても、「はやくはやく！」ともう我慢ができません。「お待たせしました」、ここからは子どもたちが主役です。一体、どんな遊びが生まれるのでしょうか？

ダンボールを置くだけでいろいろな遊びが始まります。

よいしょっと！

years
3

action
ふれる

tool
ダンボール

会社でお仕事しているの　　　　満員です！

45

これは汽車

これはおだんご！

これが線路なのだ

46

丸シールとクレヨン

丸シールをぺたっと貼ってクレヨンで描く、とっても簡単な活動です。

　丸シールには、さまざまな色や大きさがありますから、普段からいろいろ用意しておくと、何かと重宝します。今回は、B4の画用紙に、「どれをどこに貼ろうかな」とシールを選んで貼る遊び＋クレヨンでお絵描きです。シンプルな活動だからこそ、それぞれの子のこだわりや、たくさんの工夫が見えてきます。

すごい！
重ねているんだ

子どもたちの一人ひとりの
小さなこだわりを大事にし
ましょう。

どこに貼ろう
かなぁ〜

白い紙に絵を描くのと、シールを貼った上で絵を描くのでは、遊び方や意識が変わります。中には、シールも一緒に画用紙をわざわざ全部塗りつぶして「でも触るとわかるんだよ」という子までいたりします。

活動の
レシピ

素材・道具	事前準備
丸シール クレヨン 画用紙（B4）	丸シールは、いろいろな色や大きさを用意。シールのシートは切って分け、机ごとのトレイに入れておく **導入** ①シールを紹介し、貼ってみせる ②貼って遊んでいる途中で「クレヨンも使っていいよ」とお知らせする **配慮** 活動の途中で友だちの様子を紹介しながら楽しみましょう

years
3

action
はる
かく

tool
丸シール
クレヨン

活動の
レシピ

素材・道具	事前準備
肉や魚などの トレイ はさみ ビニールテープ 油性ペン ストロー アルミホイル など	トレイを人数分＋α用意する 導入 ①トレイでお船を作ることを伝える ②トレイにストローやアルミホイルを つけたり、ビニールテープを貼ったり して飾る ③できあがったらプールなどに浮かべ て遊ぶ 配慮 できあがったら、油性ペンで名前を 記入する

できあがったらプールに浮かべてみよう！

〈ビニールテープの
切り方〉

ビニールテープやペンはトレ
イなどに各色見やすく入れ、
大体4～5人（もしくは1テー
ブル）で使えるように提供す
る。ビニールテープを切ると
きは巻いてあるほうをぶら下
げながら切るとよい。

傘に
なっちゃった！

細かく切ったトレイを
お魚に見立てて、釣り船の
できあがりです。

トレイで船を作る

プールや水遊びのときに、自分で作ったステキなお船で遊んでみませんか。

つなげて
大きなお船！

テープの色にも
こだわりがあります。

「自分だけの船が作れる！」「本当に浮かばせて遊べる！」というわかりやすさが子どもたちを夢中にさせます。

　途中でストローなどを渡すと、船の上に立たせてみたり、たくさん積み重ねてみたりと、立体的に作る子もいます。もともとある素材から何か発想し、いろいろ工夫しながら、自分の「こうしたい！」を形にしていく廃材工作。この〈トレイで船を作る〉は、そんな廃材工作の醍醐味が3歳児でも存分に味わえる活動です。

トレイの破片や
ストローをたくさん
くっつけました。
二階建てのイメージ！

years
3

action
きる
はる
つくる

tool
廃材
テープ

よいしょっと

そーっと

3歳児の簡単工作

3歳児が自分の使える道具だけで作って遊べる工作を紹介します。

スティックコマ

簡単にできて、驚くほどよく回るコマです。

「よーい、スタート！」

できあがったら
みんなで回します。

1　2枚のスティック状の厚紙に、ペンでお絵描きします。

2　保育者が1を半分に折り、はさみで切り込みを入れます。

重ねる

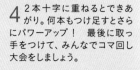

3　切り込みを入れた部分を図のように少し重ねて、テープで留めます。

4　2本十字に重ねるとできあがり。何本もつけ足すとさらにパワーアップ！　最後に取っ手をつけて、みんなでコマ回し大会をしましょう。

ホチキス

活動の
レシピ

素材・道具
厚紙
（白ボール紙）、
はさみ、ペン、
丸シール、
セロハンテープ、
ホチキス
（保育者用）

事前準備
厚紙をスティック状（約3×30cmくらい）に切っておく。数は1人2枚+αが目安。取っ手用（3×10cmくらい）の厚紙も用意する

配慮
取っ手部分は、保育者がホチキスで留めると取れにくい

双眼鏡

トイレットペーパーの芯を2個くっつけると……。

森の中
みたい〜！

テープやシール、
ペンですてきに。

1　トイレットペーパーの芯にビニールテープやシール、ペンでお絵描きしましょう。

2　好きな色のセロハンを選び、穴をふさぐようにテープで貼ります。

3　仕上げに首から下げるリボンをテープでつけます。2つの穴から覗くと、いつもの世界が森の中や海の中みたい！　みんなで探検に出発です。

活動の
レシピ

素材・道具
トイレット
ペーパーの芯、
はさみ、ペン、
ビニールテープ、
丸シール、リボン、
セロハン

事前準備
トイレットペーパーの芯2個を1組にしてテープでつけておく。セロハンはさまざまな色を用意し、芯2つ分くらいの大きさに切っておく

配慮
トイレットペーパーの芯の代わりに厚紙を筒状にしたものでもよい。セロハンやリボンは保育者がつけてあげるとよい

　スズランテープはタキロンシーアイ株式会社の登録商標です。

　子どもたちは、大人のように作ったものを鑑賞しません。必ずそれらで遊びたがります。ここで紹介する工作は子どもたちが〈自分で作ったもので遊ぶ〉〈遊ぶために作る〉といったシンプルなことを活動にしたものです。素材や道具に触れて、〈作ること自体が楽しい〉3歳児におすすめの簡単工作で、友だち同士やクラスみんなで一緒に遊びましょう！

ひらひらスティック

手に持って走るだけでリズミカルに動きます。

持って走る
だけで楽しい。

1 マドレーヌ用アルミカップにお絵描きしたりシールを貼ったりします。何枚か描いてつなげるとよいでしょう。アルミカップがなければ、丸いコースターでも代用可能です。

2 1を細く裂いたスズランテープでストローとくっつけたらできあがり。

スズラン
テープ

アルミカップ

テープで
留める

ストロー

活動のレシピ

素材・道具
マドレーヌ用
アルミカップ、
油性ペン、丸シール、
スズランテープ、
ストロー、
セロハンテープ
（保育者用）

事前準備
アルミ素材用に油性ペンを
使うので、机を養生しておく
配慮
アルミカップはお弁当のおかず用などの
薄いものだと破れやすいので、マドレー
ヌ用など丈夫なものがおすすめ（100円
ショップなどで購入可能）

Tシャツ

Tシャツの形の紙に、貼ったり描いたりしよう。

洗濯ものみたいに
飾るとすてき！

着て
みたよ!

1 思い思いにTシャツを作ります。「シールでボタンにしようかな」「テープをたくさん貼って、しましま！」「ベルトをくっつけた！」そのうち袖も切ってランニングになったり、裾も切ってギザギザフリンジになったり……。

2 完成したら、体にあててファッションショー。教室に紐を渡して飾ってあげると、「お洗濯ものみたい！」とみんな大喜び。Tシャツの形をきっかけに、一人ひとりの個性がよく見える、描いて作って楽しい活動です。

活動のレシピ

素材・道具
画用紙（B4）、
はさみ、クレヨン、
丸シール、
ビニールテープ

事前準備
画用紙をTシャツの形に
切っておく
配慮
ビニールテープやシールはトレイに各色
見やすく入れ、大体4～5人（もしくは1
テーブル）で使えるように提供する

years
3

action
きる
はる
かく
つくる

tool
はさみ
ペン

描けたものから教室の壁などに貼ってあげましょう。

小さな紙に描く

いつものペンでミニミニサイズのお絵描き。
子どもたちの小さなおしゃべりが聞こえてきそうなすてきな世界がたくさん生まれます。

いつものお絵描きとの違いは紙のサイズだけなのに、子どもたちの繊細な表現を垣間見ることができる活動です。

ある子は顔を紙に近づけて、真剣な表情で「お勉強してるんだよ！」、不思議なカクカクした形は「字、書いてるの！　お手紙だよ」。

虹やお花畑など小さな紙いっぱいに細やかな絵を描く子もいます。描き終えたものからどんどん飾ると、教室がまるですてきなギャラリーに変身します。

活動の
レシピ

素材・道具	事前準備
小さな紙 （ハガキサイズ くらい） ペン 鉛筆 （保育者用）	紙は1人に5〜6枚分用意する。薄いコピー用紙などでもよい 導入／展開 ①小さい紙とペンを紹介する ②描けた子どもから絵についてのお話を聞き、あいているスペースに書く ③もっと描きたい子には、もう1枚紙を渡す 配慮 描いた絵をすぐに壁に貼ると、はりきってどんどん描く

海と風

小さな紙に描く

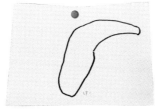

しずく

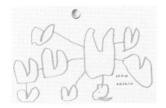

かっこいい電車

てるてるぼうず

観覧車

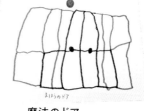

魔法のドア

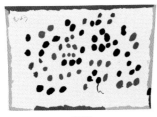

はなび

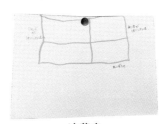

字を書いてママへのお手紙

おばけ

模様

冷蔵庫

にじ

海賊とかわいい人と虹

お母さんライオン

ヒーローと、雪が降ってるの！

53

大きな紙に描く

自分たちよりも大きな紙に、みんな大興奮。思いきって描いてみよう！

活動の
レシピ

素材・道具
模造紙
絵の具セット
（P.8参照）
お手拭きや雑巾

事前準備
園庭やテラスの壁（もしくはベニヤ板などで安定した壁を作る）に白い模造紙を貼っておく。人数分より多めの絵の具セットを机などに置いておく

導入
①大きな紙にお絵描きすることを伝える
②〈絵の具の約束〉として、ビンは1個ずつ持つこと、絵の具が垂れないようにビンの淵で筆をちょんちょんとすることを伝える

配慮
絵の具と水は1:1〜2くらいで、伸びやかに描ける濃さにしておく。汚れてもよい服装で

　お天気のよい日。外の壁に大きな白い模造紙を貼りました。「さあ、たくさん絵の具でお絵描きしちゃおう！！」。今日の絵の具はセルフサービス。みんな好きな色を1個ずつ選んで大事に持っていきます。

　思い思いの場所で、友だちと一緒にたくさん描いて塗って……。室内ではなかなかできない、ダイナミックなぬりたくりの時間です！

大きな紙に描く

キレイ
だな〜

上から描いていくと、色が重なって
いきます。混ざったり、垂れたり、消
したり描いたりを繰り返します。

お山に雨が
降ってきたよー

years
3

action
かく

tool
絵の具

大きい丸や長い線など、いつも
より大胆に筆を使って、みんな
思い思いに描き始めました。

好きな色を自分で選んでひとつずつ持っ
ていきます。終わったらちゃんと戻してま
た違う色を選びます。

形を楽しむ

ちょっと変わった〈形〉から発想が広がる活動を集めてみました。

○△□の紙

目の前の形を手がかりに、形を組み合わせたり組み替えたりして構成的に遊びます。子どもたちの発想力が、たくさん発揮されます。

素材・道具	事前準備
アイスのスプーン	素材を集める、色画用紙を○△□に切っておくなど材料を決めて適量準備
色画用紙	
画用紙	導入
（B3またはB4）	素材の紹介と道具の扱いについて話をする
はさみ	
折り紙	配慮
のり	素材の存在感が強いと、子どもの個性が埋もれてしまいがち。いずれの素材の場合も、貼った後や途中からクレヨンやペンといった描画材を使うとよい
木工用接着剤	
クレヨン	
絵の具	
お手拭き	

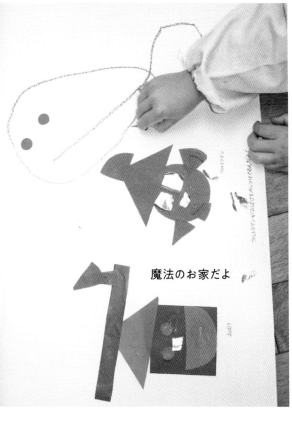

魔法のお家だよ

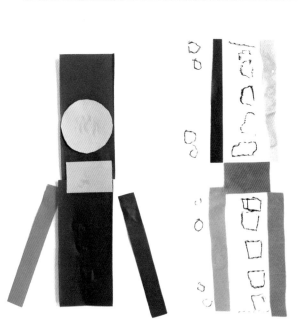

ロケットと新幹線のコラボレーションです。

基本的な形態の組み合わせは、リズムや間を遊んだり、見立てたりをうながしやすくします。

形を楽しむ

お家の形の紙

三角形に切った紙がついているだけで、まるで〈お家〉みたい！ みんないろいろな思いを巡らせて、お絵描きします。

おばけのお家！

屋根の色は何色か用意し、子どもが選んだものを画用紙にのりでつけてからスタートします。素材や道具はお家のサイズに合わせて柔軟に。小さければペンやクレヨン、大きければ絵の具を使ったり、折り紙を切って貼ったりも楽しめます。

アイスのスプーン

のりではつかないので、この場合は木工用接着剤がおすすめ。紙皿に軽く出しておいて、スプーンの端をちょんとつけたり、小さなへらですくってつけたりして、画用紙に貼っていきましょう。

これはお城なの

並べるだけでもリズムがあり、おもしろいものができます。ちなみに左の絵は〈飛行場〉、下の絵は、〈お魚たくさん泳いでいるよ〉。スプーンの特徴が活きています。

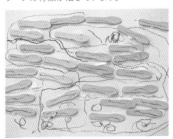

years
3

action
はる
きる
かく

tool
のり
はさみ
クレヨン

57

クレヨンと絵の具で描く

クレヨンと絵の具、
どっちも使って描いてみよう。

クレヨンで描いた線の上を、絵の具でそーっとなぞりながら見ています。

　いわゆる〈はじき絵〉とは異なり、もっと自然にクレヨンと絵の具を両方使って、自由に絵を描く活動です。

　スタートはクレヨンから。少ししたら「お知らせでーす、今日は絵の具もあります」と準備しておいた絵の具のセットを見せてあげましょう。「今日の絵の具はね、薄くてやさしい絵の具なんだ。細い筆も入れておいたから、ビンの入り口でちょんちょんして、そーっと大事に使ってみてね」。説明はこれだけで十分。子どものやり方を見守りましょう。

　子どもが自分で発見したり、挑戦したりすることを、大事にしていきたいですね。

活動のレシピ

素材・道具	事前準備
画用紙（B3またはB4） クレヨン 絵の具セット（P.8参照） 雑巾	絵の具は6色、薄めに溶く。 太筆だけでなく細筆もおすすめ **導入** ①クレヨンを各自準備、画用紙を配る ②クレヨンでお絵描き ③途中で「絵の具もあるよ」とお知らせ ④両方使って遊ぶ **配慮** 絵の具の濃さ（薄め）が大切。絵の具と水は1：2〜3くらい

絵の具だけで描く子もいます。

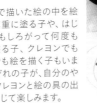

クレヨンで描いた絵の中を絵の具で慎重に塗る子や、はじくのをおもしろがって何度も上から塗る子、クレヨンでも絵の具でも絵を描く子もいます。それぞれの子が、自分のやり方で、クレヨンと絵の具の出会いを感じて楽しみます。

years
3

action
かく

tool
クレヨン
絵の具

色を混ぜて楽しむ子もいれ
ば、混ざらないように描いて
いく子もいます。絵の具に慣
れてきて、筆を自分でコント
ロールしはじめています。

濃い絵の具

水を少なめにした濃い絵の具で描いて遊ぶ活動です。絵の具に慣れて、
「こうしたい！」と意識的に描くようになってきた頃におすすめします。

〈絵の具と出会う〉(P.40)や〈クレヨンと絵の具で描く〉(P.58)などを繰り返し遊び、十分に絵の具に親しんできた子どもたちには、ぐっと濃い絵の具でお絵描きする活動がおすすめです。ちょうど「〇〇が描きたい」という思いが芽生えてくる頃に、濃く溶いた絵の具を出すと、自分が描いた筆跡がしっかり残ります。その画面を見て「〇〇みたいになった！　今度はこうしてみよう！」と描いた上からまた描き足したり、一度塗りつぶした上からまた描き起こしたりと、何度も試して〈意識的に〉遊ぶようになるのです。

また、絵の具が乾く前なら、絵の具に紙がくっつきます。折り紙を好きな形にちぎって並べて楽しんだり、またその上から描いたりと遊びの幅が広がり、子どもたちも大満足。これまで「もうやめる」と言って終わりにしていた子も、「できた！」と言って持ってくるようになります。

途中で折り紙を出して貼っても楽しい。
その上にもまた絵の具で描けます。

手につけちゃったー！

できた!!

活動のレシピ

素材・道具	事前準備
絵の具セット （P.8参照）	絵の具は6〜7色、 濃いめ（コラム参照）に溶く
画用紙（B3）	導入
折り紙 お手拭き	①いつもより絵の具が濃い話をする ②〈絵の具のお約束（P.41参照）〉を確認
	配慮
鉛筆 （保育者用）	絵の具は各色揃えトレイなどに入れる。それを1セットにして4〜5人で囲み、みんなが無理なく使えるようにする。絵にお話がある子は空いてるスペースに鉛筆でメモする

column

絵の具はどんなときにどれくらいの濃さがよいの?

一番初めは絵の具と水を1：2〜3くらいにしたゆるめの絵の具を用意します。筆がすーっと気持ちよく動くぐらいが目安です。繰り返し遊んで、絵の具に慣れてきたら少しずつ濃く溶くようにするとよいでしょう。思い切り濃いめにするときは、絵の具と水が1：1くらい。あまり濃すぎるとかすれて描きにくいので、試し描きをしながら作りましょう。そのときの子どもたちの様子を見ながら、より楽しく遊べるように濃さの調節をしましょう。

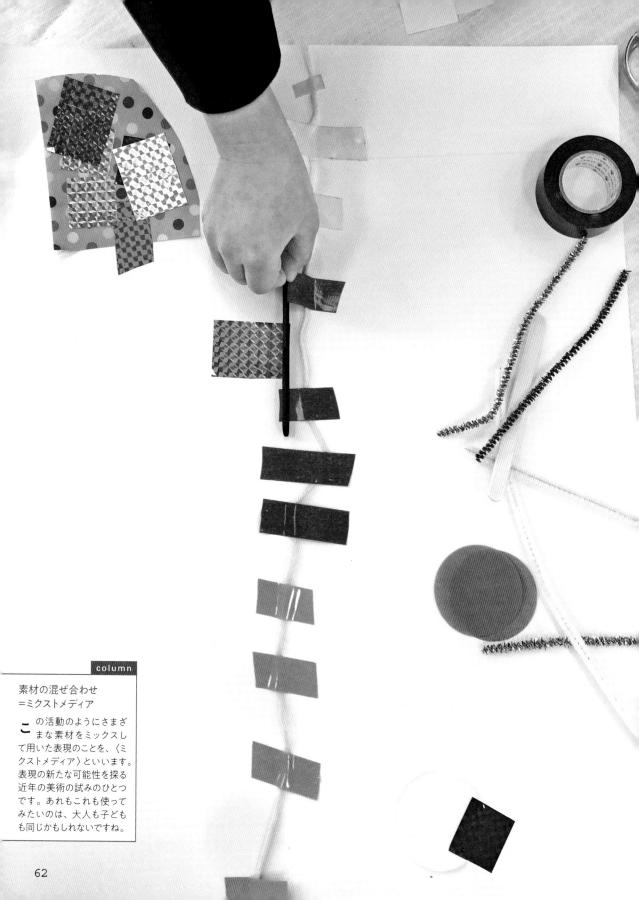

素材の混ぜ合わせ
＝ミクストメディア

　この活動のようにさまざまな素材をミックスして用いた表現のことを、〈ミクストメディア〉といいます。表現の新たな可能性を探る近年の美術の試みのひとつです。あれもこれも使ってみたいのは、大人も子どもも同じかもしれないですね。

切ったり、貼ったり、描いたり

3歳の活動の最後に紹介するのは、
素材や道具をいろいろ使って
〈自分なりに工夫して遊ぶ〉活動です。

　入園した子どもたちは、1年間を通してさまざまな体験をし、ずいぶんたくましくなってきました。素材や道具の経験も厚みを増し、より自分の意志で扱うことができるようになってきている時期です。そこで、いろいろな素材を出して、子どもたちの挑戦を促す活動をしてみましょう。

　お道具箱にある道具は、どれも自由に使えます。切りたくなったら切る、描きたいときには描く、貼ってみてまた描いてもいいですね。

　子どもが〈自分の意志で〉〈素材や道具を自在に使って〉〈描いたり作ったりして遊ぶ〉。私たちは、そのおもしろさや自由さを子どもたちに届けるために、造形活動をしているのですから、こうした活動はとっても大切です。

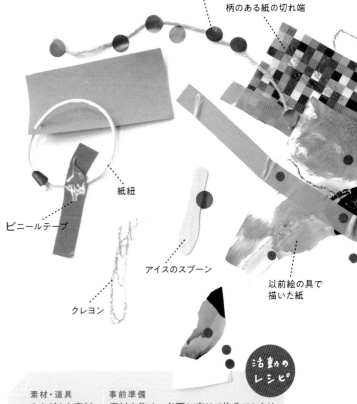

丸シール

柄のある紙の切れ端

紙紐

ビニールテープ

アイスのスプーン

クレヨン

以前絵の具で
描いた紙

活動の
レシピ

素材・道具	事前準備
さまざまな素材 （子どもたちが 切ったり貼ったり できるもの） 画用紙 はさみ・のり クレヨンなど	素材を集め、必要に応じて仕分けしたりしておく 導入／展開 ①いろいろな素材と、道具の扱いの紹介 ②素材や道具は自分で考えて持ってくることを伝えスタート ③途中でいろいろな子のやり方を紹介する 配慮 それぞれの子の工夫を見つけてほめる。 まねするのも成長のうち

普段の保育や遊びの中でも、子どもたちがいろいろな素材や道具を自由に使えるような機会や環境（造形コーナーなど。P.16参照）を作っていけるとよいでしょう。

years
3

action
はる
きる
かく

tool
テープ
はさみ
クレヨン

3歳児の世界

ぬりたくりの世界

　描いたり作ったりするときに、大人は何を描こう、何を作ろう、と結果や答えを先に考えがちですが、幼い子どもはそうはしません。例えば絵の具の場合、「これは何だ?」「つけてみようかな」「わぁ広がった」「他のもやってみよう」「あ、色が変わった」「上から描けるぞ」「また違う色にしてみようかな」というふうに、目の前のものの変化に引き込まれながら、やらずにはいられないという感じで、少しずつ筆を進めていきます。

　こうした子どもならではの目と手による探索の様子を、私たちは〈ぬりたくりの世界〉と呼んで大事にしています。ただのめちゃくちゃとは違いますから、活動中に保育者が無理に大きな声で盛り上げたりする必要はありません。気持ちと思考のともなう落ち着いた探索の時間を、のんびり寄り添って楽しんでください。

「いいこと思いついた!」

　子どもが遊んでいるとき、幾度となく飛び交うのがこの言葉です。造形では、びりっと破った折り紙が「お山!」になったり、ひゅっと引いた線が「ヘビ!」になったかと思うと、次の瞬間には道になり電車が走る。それくらい、次から次へと〈いいこと思いつく!〉のが子どものすごさ、思考の柔軟さです。大人の固い発想で、つぶしてしまわないようにしたいものです。あえて言わせてもらうと、子どもがいいことを思いつけないような造形活動は、魅力がないし、創造的ではありません。保育者よがりの活動にならないよう、心がけましょう。

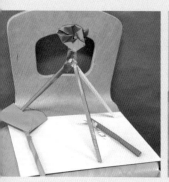
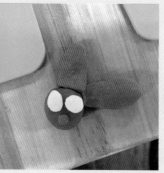

「おわりにする！」と「できた！」
（活動を終える際の子どもの言葉）

　子どもの言葉っておもしろいですね。「こんなこと思いついたんだ」とか、「なるほどー」と思えることがたくさんあり、子どもの思考を理解する手がかりになります。

　造形の活動を終える3歳の子どもの言葉を聞いていると、ほとんどの子が「おわりにするー」「せんせいもうやめる」と言います。「できた！」という子は、たまにいるぐらいです。

　このことは、彼らにとってこの時期の造形は、「満足するまで遊べたら、十分楽しんだから、もういい、やめる」ということで、何かが「できた」（描き表せた）ということには、まだそれほど執着がないということを意味します。一方、年齢や経験を重ね成長するにつれ、「できた！」が多くなります。

遊ぶことから作ることへ

　3歳児の工作の始まりは、身のまわりにあるもので遊ぶことです。出しておいた紙コップにストローをさして〈ジュース〉に見立てている子どもがいます。ちょっとまねして、色紙をちぎって入れた紙コップをチラッと見せて「こっちはぶどうジュースだよ」なんて遊んでいると、おもしろそうな匂いを嗅ぎつけた他の子も近づいてきます。「君もやる？」「次は何を入れようかな」「シールも貼ってみようかな」と、〈ひと手間加えてすてきなものができること〉を楽しみます。

　こうした何げない工作のコツは、作らせようなんてしないで、〈モノを介したやりとりを楽しむこと〉〈素材のバリエーションを必要に応じて増やすこと〉です。そして繰り返し楽しむ遊びになっていくようであれば、またできるように〈場づくり〉をすることです。〈ジュースやさんコーナー〉は、今日も人気です。

4 歳児

遊びの中で、いろいろ試す体験を

基本的には3歳児の活動同様、
繰り返し素材や道具で遊ぶことが
主となります。異なるのは、
以前は行為自体が喜びであったのに対し、
より画面や対象を意識し、
見たり扱ったり試したりする活動
（構成的・技法的な活動）を
楽しむようになってくるところです。

4歳児 造形カリキュラム

4歳児は、3歳児のときに出会った素材や道具で繰り返し遊びながら、より意識的に、操作的に、工夫しながら試して遊ぶのが特徴です。新しく出会った道具も、自分なりに試し、考えて使います。そして、だんだんと自分の思いを形にすることを楽しむようになっていきます。

		4月	5月	6月	7月	8月
かく	絵の具	4-2 スタンプ …P.74			4-4 スクラッチ／デカルコマニー …P.78	
	クレヨン			いろいろな技法遊びを楽しもう		
はる	のり		テープやのりは造形コーナーに出して日常的に使おう		4-5 丸シールとビニールテープ …P.80	
きる	はさみ					
つなぐ	ホチキス	4-1 ホチキスとの出会い …P.70		4-3 切ってつなぐ …P.76		
ふれる	土					
みんなでつくる	共同制作					

ホチキス

ホチキスは、4歳頃から使えるようになる新しい道具です。初めはやや難しく感じるかもしれませんが、何度か遊んでいくうちに必ずできるようになります。使ったことがない園も多いと思いますが、工作的な活動においては、使うか使わないかでは大きな違いが出る、魔法のような道具です。本書ではその使い方のコツと活動をたっぷりと紹介してあります。(4-1、4-3、4-6)

技法遊び

技法遊びは、一見自由度が低い活動に見えますが、実は4歳児に適した活動です。「変わった！」「おもしろい形ができた！」と画面を意識して〈見る〉ことにより、素材の効果が視覚的にわかり、「次はこうしてみよう！」と繰り返し楽しみます。(4-2、4-4)

●年間のねらい
素材や道具を自分なりに楽しくあやつり、試して遊ぶ

【1年の活動の流れと考え方】
STEP1──新しい道具にも挑戦しながら〈素材や道具をあやつり遊ぶ〉活動
STEP2──技法遊びや構成遊びも取り入れて〈意識し工夫を楽しむ〉活動
STEP3──より意識的に〈工夫し挑戦する〉活動

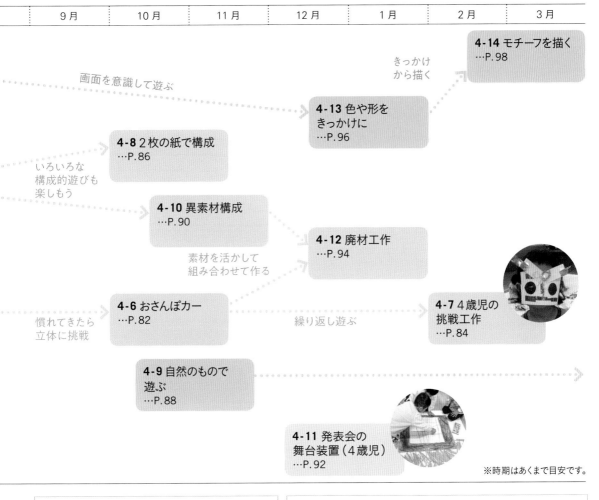

| 9月 | 10月 | 11月 | 12月 | 1月 | 2月 | 3月 |

画面を意識して遊ぶ

4-14 モチーフを描く …P.98

きっかけから描く

4-13 色や形をきっかけに …P.96

4-8 2枚の紙で構成 …P.86

いろいろな構成的遊びも楽しもう

4-10 異素材構成 …P.90

4-12 廃材工作 …P.94

素材を活かして組み合わせて作る

4-6 おさんぽカー …P.82

慣れてきたら立体に挑戦

繰り返し遊ぶ

4-7 4歳児の挑戦工作 …P.84

4-9 自然のもので遊ぶ …P.88

4-11 発表会の舞台装置（4歳児） …P.92

※時期はあくまで目安です。

構成遊び

構成遊びは、4歳児のイメージの世界がよく見える活動です。切ったものや、素材を自分なりに意味づけ、画面において構成します。何か具体的なものを作り出したり、画面の中でのリズムを楽しんだり、ただ貼ったり切ったりを楽しんだりと、遊び方はそれぞれです。(4-5、4-8、4-10)

モチーフを描く

この時期のモチーフを描くという活動は、あくまで素材で遊んで描くための〈きっかけ〉のひとつです。モチーフを意識して〈自分の中のモチーフ〉を描く子もいれば、モチーフから〈イメージした世界〉や、全く関係のない〈自分の好きな世界〉に引き寄せたりする子もいます。それぞれが好きに描いて楽しむことができる活動にしましょう。(4-14)

ホチキスとの出会い

4歳児以降におすすめの〈ホチキス〉。コツさえつかめば、
一気に工作力がアップする魔法の道具です。

　　ホチキスは、のりや木工用接着剤のよう
に乾くまで待つことなく、すぐにつなげて形
にすることができるので、あれこれ試して遊
びたい時期の子どもにぴったりの道具です。
　　ただし、握力が足りないとうまく留められ
ませんし、無理をするとけがの原因にもなる
ので、導入するタイミングの見極めと注意が
必要です。ここでは、使い始めの時期におす
すめの活動をいくつか紹介します。

> メガネに
> なったよ

紙をつないで
みよう

　　細長く切った紙を、
ひたすらつないで遊ぶ活動です。
どこまでつながるかな？

活動の
レシピ

素材・道具	事前準備
紙 （色画用紙など） ホチキス	3cm幅くらいに細長く切った紙を大量 に準備。ホチキスに針を入れておく

導入／展開
①ホチキスの使い方を説明し、何枚
かつないでみせる
②子どもが最初にホチキスを使うと
きは保育者が手を添える

配慮
ホチキスの使い方のコツ（P.71）参照

ホチキスでつないだものを
天井からぶら下げたら、
お祭りみたい！

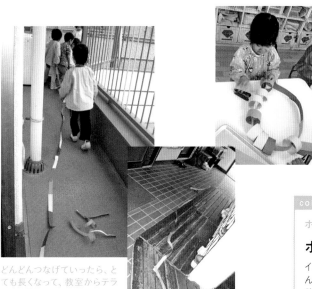

どんどんつなげていったら、と
ても長くなって、教室からテラ
スまで届いちゃった!!

ホチキスの使い方のコツ

ホチキスには、使いやすいものと使いにくいものがあります。子どもにとっては必ずしも小さいサイズや軽いタイプが使いやすいということはありません。むしろ、昔からあるタイプのほうが手応えがあり、使いやすいこともあります。子どもの握力に応じて、留めやすい方法を教えましょう。

留め方 1
両手の親指をホチキスの先端で重ねて、力が入るようにします。

留め方 2
テーブルなどにホチキスを置き、両手を重ねて手のひらで押すようにします。

years
4

action
つなぐ

tool
ホチキス
紙

お部屋の中にビニールテープを渡しておくと、
つないだ紙をくっつけることができます。

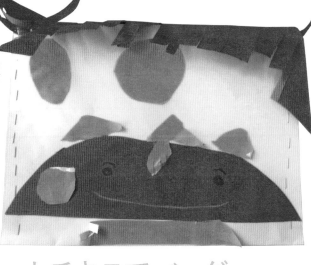

自分の〈もの〉が作れたというのは、子どもにとってすごくうれしいことです。

ホチキスでバッグ

色画用紙で簡単に作れるバッグに、みんな大興奮。
バッグができると、いつのまにかお手紙遊びに！

お手紙！

バッグの中身も
いろいろ作って
遊びましょう

〈バッグの作り方〉

① 本体用の色画用紙を半分に折る。

② 両端をホチキスで留める。

③
蓋
折り目

②が終わった子から蓋用の色画用紙を選ばせ、蓋に折り目をつける。

開いたところ
はさみで切る
裏面

④ 蓋は表裏を保育者がセロハンテープで留める。バッグにものを入れやすいように、図のようにゆるくカーブをつけながら切る。

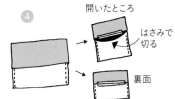

リボン

⑤ 保育者がバッグの両端にホチキスでリボンをつける。絵を描いたり、シールを貼ったりしてもよい。

活動の
レシピ

素材・道具	事前準備
色画用紙（B4） ホチキス セロハンテープ リボン クレヨン シールやテープ 折り紙 のり	蓋用にB4の色画用紙を半分サイズに切っておく。ホチキスに針を入れておく

導入／展開
①ホチキスの使い方を説明し、バッグを作ってみせる（作り方参照）
②保育者が手伝いながらバッグを作る
③お手紙を作って入れるなど、バッグを使った遊びを続ける

配慮
ホチキスの使い方のコツ（P.71）参照。この活動は卓上ででき、留め方もシンプルなので、最初のホチキスの活動に最適

輪っか
だらけに
なっちゃった

素材・道具	事前準備
画用紙 ホチキス 輪ゴム	3〜8cmくらいの幅に細長く切った画用紙を大量に用意する。1人にひとつずつ、輪っか（作り方参照）を作っておく。ホチキスに針を入れておく

導入
①作っておいた輪っかをかぶってみせた後、帽子を作ってみせる
②ホチキスの針に気をつけるよう伝えてから始める

配慮
身につけるものなので、留め方が弱いとけがをする可能性があるため、ある程度ホチキスが上手に使えるようになった頃に行うほうがよい

ボクの
すごい
でしょ

ホチキスで帽子

子どもがかぶれる〈輪っか〉だけを
準備しておいて、あとは自由に
紙などをつけていきます。
おもしろい帽子や仮面にクラス中が
笑いの渦に包まれます。

〈帽子の輪っかの作り方〉

拡大

輪ゴム

針の端が外側に
向くように留める。

長さ約50cmの細長い画用紙の両端を折り、輪ゴムをはさんでホチキスで留める。その際、画用紙の端とホチキスの針の端は外側に向け、頭に当たらないようにする。

身につけるものを作る遊び
は、徐々に変身ごっこへと
展開していきます。

years
4

action
つなぐ
きる
かく
つくる

tool
ホチキス
紙

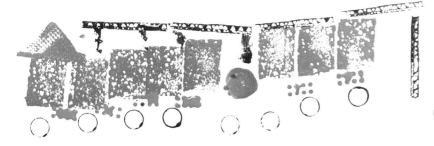

これは、でんしゃ！

スタンプ

スタンプで画面の上でのリズムや変化を楽しんだり、形を構成してみたり。
色と形を感じて自分なりに発想し、絵の具で遊ぼう！

技法遊びは、絵の具やクレヨンを使って描いた痕跡や、画面そのものを意識するようになる4歳児にぴったりの活動です。その技法遊びの筆頭がスタンプ遊び。ポンと四角く押した形の上に三角の形をつなげて「おうちみたい！」。スポンジは何度も押して色が混ざったら「キレイだな〜！」。洗濯ばさみは「ロボットの手にしたよ！」。スタンプの痕跡を感じ画面を意識しながら、何かに見立てたりリズムを楽しんだり……。子ども本来の美意識や画面構成が光る、すばらしい表現がたくさん生まれました。

クレヨンを併用すると、イメージがもっと広がり、
自分なりの世界が展開していきます。

ガムテープ

ひとつのトレイに2色の絵の具を入れる場合は、高さが出るようにガムテープを折って貼り、仕切るのがおすすめ。絵の具が混ざらないように端までしっかり留めます。

〈スタンプグッズ〉

紙コップ
ペンの蓋
洗濯バサミ
ブロック
スポンジ
積み木
ダンボール片

〈丸〉なら紙コップやペンの蓋、〈四角〉ならブロックや積み木、〈細長い線〉はダンボール片を立てて使います。使わなくなったビート板や市販の大きなスポンジを好きな形に切ってもよいでしょう。少し変わった形が押せる洗濯ばさみもおすすめです。

活動の
レシピ

素材・道具	事前準備
画用紙（B3） 絵の具 スタンプグッズ （イラスト参照） トレイ ガムテープ お手拭き クレヨン	スタンプ、絵の具を用意しておく 導入／展開 ①スタンプの種類や形など、いろいろあることを紹介する ②「○○みたいー！」と、スタンプの形を何かに見立てながら、ゆっくり押してみる 配慮 スタンプグッズは丸、三角、四角、細長い形などさまざまなものを用意する。絵の具は少し濃いめ（絵の具と水は1：1くらい）にするとよい

years
4

action
かく

tool
絵の具

切ってつなぐ

一枚の紙から何が生まれるかな？　ホチキスを自由に使って作る遊びです。

紙を自由に切って、自由につなげて作る遊びです。ホチキスの使い方に慣れ、こういった遊びができるようになってくると、子どもはますます作ることに熱中していきます。

作り方や遊び方はさまざまですが、「こうしてみたい！」という思いをすぐ形にできるのがホチキスのよいところ。ペンなどで描き加え、より自分のイメージに引き寄せます。できたものは、どれも宝物。たくさん遊んで持って帰ってもよいし、色画用紙などに貼ってお絵描きに展開するのもよいでしょう。ここまできたら、ホチキスはそれぞれのお道具箱に入れ、自分でいつでも使える道具の仲間入りです。

かいじゅうの口！

これは新幹線！

切れ端も活かして合体。

ポーズだって自由自在です。

ホチキスの使い方に慣れると、だんだんと考えながら使えるようになります。

活動のレシピ

素材・道具	事前準備
画用紙（B4）	ホチキスに針を入れておく
色画用紙	導入
はさみ	保育者がまず画用紙を切り、ホチキス
ホチキス	で留めたり描いたりして作ってみせる
クレヨン	配慮
ペンなど	ホチキスの針が手に刺さらないよう、
	丁寧に扱うように伝える

years
4

action
つなぐ
きる
つくる
かく

tool
ホチキス
はさみ

スクラッチ／デカルコマニー

4歳児におすすめの技法遊び、スクラッチとデカルコマニーを手軽に楽しんでみましょう。

スクラッチ

　さまざまな色のクレヨンを塗り込んだ上に違う色を塗り重ね、その後、上層の色を引っかいて削り取り、下層の色を出すという技法遊びです。上からクレヨンで塗りつぶすのが一般的ですが、時間がかかるうえに、単調でおもしろみがありません。そこで版画用の水性インクや、台所用洗剤を少し入れた絵の具をローラーで塗ることをおすすめします。共に乾きにくいので、上から割り箸などで引っかいて絵を描くというスクラッチに適しています。

レインボーに
塗っちゃった！

活動の
レシピ

素材・道具	事前準備
画用紙	画用紙は、子どもたちが塗りやすい大きさ（25cm角など）に切っておく。1人1本割り箸を用意する
クレヨン	
ローラー	
インク（または洗剤入り絵の具）	**導入**
割り箸	①クレヨンをしっかり塗るとうまくいくと伝える
新聞紙	②クレヨンが終わった子がローラーをするコーナーを作る。ローラーが終わったら割り箸を渡す
	配慮
	インクや絵の具は濃く汚れやすいので、ローラーコーナーには新聞紙を敷き、汚れたらこまめに替えるとよい

描いたものに上から別の紙を押し当てると、モノタイプ版画も楽しめます。刷るとインクが取れ、上からローラーをしやすくなるので、何度も楽しめます。

閉じてよーくこすって

そっと開いて……

形が
うつった！

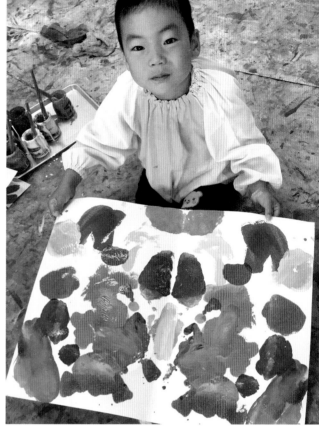

デカルコマニー

　半分に折り目がついている画用紙の片側に絵を描いてパタンと閉じます。そして開いてみると「うつったー！」。「次はどこに描こうかな？」この繰り返しにより画面をよく見て意識するようになるのがデカルコマニー。途中、ルールを無視して片側だけでなく好きに描き始めたりもしますが、もちろんそれもOK。きれいな模様を作るのが目的ではなく、工夫や試行錯誤をしながら意識的になる技法遊びを通して、とことん絵の具と格闘して仲良くなる活動なのです。

画面をよく意識して、
慎重に描いています。

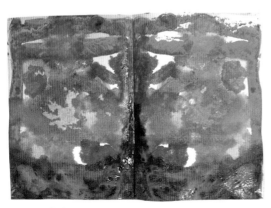

何度も試して描き、幻想的な絵になりました。

years
4

action
かく

素材・道具
画用紙（B3）
絵の具セット
（P.8参照）

事前準備
画用紙を半分に折っておく。絵の具は6〜8色くらい
導入
半分だけに絵を描くことを説明し、わかりやすい形を描いてやってみせる
配慮
絵の具は混ざっても暗くなりすぎないように、黄色・ピンク・水色・黄緑などの明るい色や、白を用意する

活動のレシピ

tool
クレヨン
絵の具
ローラー

ビニールテープを貼った上からシールを貼ったり、ペンで描いたり。それぞれのこだわりの世界が見えてきます。

丸シールと
ビニールテープ

丸い形と細長い形を貼ったり組み合わせたり。
どんな世界ができるでしょうか?

子どもたちが気軽に使える丸シールとビ
ニールテープを使い、絵を描いていく活動
です。大中小さまざまな大きさのシールと、
カラフルなビニールテープを用意すると、シー
ルの丸い形が顔になったり車のタイヤに
なったり、長いテープを使って画面を囲ん
で形を作ったりと思い思いに楽しみます。
中には決まった色や形を貼ってリズムを楽
しむ子や、ひたすら重ねて貼る子もいます。
画面を意識し、自分なりに工夫するように
なってきた頃に、貼ったり組み合わせたりし
ながら、発想と見立てによる自分の世界を
楽しむ活動です。

**活動の
レシピ**

素材・道具	事前準備
丸シール	丸シールは大小さまざまな種類を用
ビニールテープ	意する。シールのシートは小分けに
はさみ	切っておく
クレヨン	**導入**
(もしくはペン)	丸シールやビニールテープを紹介し、
画用紙	画用紙に貼ったり描いたりしてみせる
(B4またはB3)	**配慮**

丸シールやビニールテープはひとつの
トレイに各色を見やすく入れ、大体
4~5人で使えるように提供する。画
用紙の大きさは、机ならB4、床なら
B3にするなど活動場所によって調整
する

ながーく
貼るのだ

四角く囲って……

足長ロボット!

足にも
貼っちゃ
った!

action
はる
きる
かく

tool
丸シール
テープ
はさみ

貼るシールの色や順番にもこだわりがあります。
無意識に貼っているように見えても、話を聞くと
その子なりの理由がちゃんとあります。

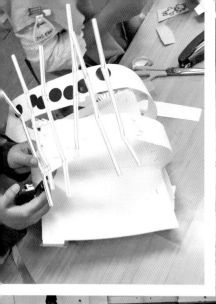

すごい
走ってるよー！

車の細部に凝ったり、たくさん人を作って乗せたりと
作り込む子もいれば、早く持って走って遊びたい子も
います。それぞれ興味がおもむくままにいろいろ試し
ながら、自分のペースで楽しむ活動です。

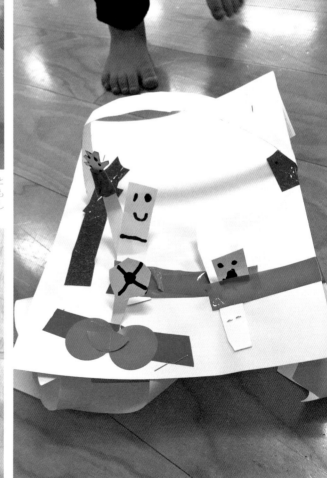

おさんぽカー

1枚の紙から立体工作をします。
自分だけのすてきな車を作ってみましょう。

ホチキスにだいぶ慣れてきた頃に、初めての立体工作に挑戦です。細長い紙をくるっと巻いて、ホチキスで留めると「タイヤみたい！」。最初の土台は一緒だけれど、そこから思い思いの車を作ります。実際にタイヤが回らなくても、リボンをつけて引っぱっていればその気になれる4歳児。おもしろいアイデアいっぱい、工夫満載の〈おさんぽカー〉がたくさんできました！

活動のレシピ

素材・道具	事前準備
画用紙（B4） はさみ ホチキス ペン リボン シールやテープ	画用紙を半分に切っておく（部品用と土台用） **導入／展開** ①おさんぽカーの土台を作ってみせる（作り方参照） ②残りの画用紙を部品にしてホチキスで留めたり、絵を描いたりしてみせる ③できあがったらおさんぽカーの前方にホチキスでリボンをつける ④みんなで引っぱっておさんぽに行く **配慮** 部品用の画用紙を全部細長く切るのはなかなか大変なので、できない子には手伝う。どの素材を使うか混乱しないように、最初に部品となるB4の半分の紙を渡し、タイヤができた子から、台紙の紙を渡す

タイヤをつけるところが少々難しい。挑戦するうちに、だんだん立体物を作るコツをつかんでいきます。

〈おさんぽカーの土台の作り方〉

①
部品用の画用紙を細長く切る。4本をタイヤ用にし、残りは飾りに使う。

②
細長く切った画用紙4本を輪にしてホチキスで留め、タイヤを作る。

③
台紙用の画用紙の四隅に、タイヤをホチキスで留める。

おさんぽ行ってきまーす！

years 4
action つなぐ きる つくる かく
tool ホチキス はさみ

83

4歳児の**挑戦工作**

工夫や試行錯誤しながら、ちょっと手応えのある工作に挑戦!

さかなつり

身近にある素材で、さかなつりごっこ!

釣れるかな〜

〈さおの作り方〉

セロハンテープで留める

ホチキスやセロハンテープでしっかり留める

スズランテープ

厚紙

ストロー

セロハンテープを裏返して丸めて貼る

1 色画用紙をさまざまな形に見立てながら切り、ホチキスでつなげて〈さかな〉を作ります。

2 〈さお〉を作ります（作り方参照）。こちらはやや難しいので子どもと一緒に作りましょう。

3 〈さかな〉と〈さお〉ができたら、模造紙の上でさかなつり遊び。模造紙はあえて白を選ぶと、みんなで海の色を塗ったり絵を描いたりと遊びが展開します。

活動のレシピ

素材・道具
さかな：色画用紙
（B6サイズくらい）、はさみ、ホチキス、ペンまたはクレヨン、丸シール、ビニールテープ、模造紙など
さお：ストロー、スズランテープ、厚紙または白ボール紙（2×10cmくらい）、セロハンテープ

事前準備
さおは事前に作っておいてもよい

配慮
セロハンテープがくっつかなくなると釣れないので、こまめに替える

変身めがね

変身めがねでごっこ遊びが盛り上がります。

電車のめがねなんだ!

1 画用紙を横半分に折り、山折り部分から切り込むと、画用紙に穴が開きます。丸や四角、ダイヤ形など思い思いにめがねの覗き穴を開けましょう。

2 フレーム部分も何かの形に切ったり、うさぎのような耳をつけたり、シールやテープで装飾しましょう。

3 覗き穴に好きな色のセロハンと、耳にかける輪ゴムどめ（作り方参照）をつけてあげると、変身めがねのできあがり。

〈輪ゴムどめの作り方〉

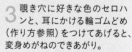

左右の耳用に1人2個ずつ用意する。

活動のレシピ

素材・道具
画用紙（めがね用）はさみ、ホチキス、ペン、ビニールテープ、丸シール、色画用紙などのハギレ、輪ゴム、セロハン

事前準備
子どもの顔半分くらい（7〜15cm）の大きさに画用紙を切っておく。できあがったときに耳にかけられるように、輪ゴムどめを作っておく（作り方参照）

配慮
アルミホイルやストローを用意すると、剣や魔法のステッキを作ったり、ごっこ遊びをしたりと、遊びが展開する

スズランテープはタキロンシーアイ株式会社の登録商標です。

素材や道具を使い、自分なりに工夫して楽しむようになってくる4歳児の工作です。〈○○を作ろう〉というフレームはあるものの、あとは自由。自分なりに試行錯誤して作り上げたら、できあがったもので存分に遊ぶことを楽しむ活動を紹介します。

パラシュート

投げると空中でパッと開く、すてきなパラシュート。

風に乗って
フワフワ降りて
きます。

ひらくと
きれい

1 弁当用ビニール袋の取っ手部分を切り落とします。天地を逆にして(袋部分が上にくるように)、思い思いにペンやシールなどで描きます。

2 20cmくらいに切ったスズランテープを4本に裂き、下側(袋が開くほう)に表と裏2本ずつセロハンテープでつけます。

3 スズランテープ4本を一緒にアルミホイルにセロハンテープで留め、そのままアルミホイルを丸めたらできあがり(おもりになります)。

**活動の
レシピ**

素材・道具	事前準備
マチが広いビニール袋／弁当用ビニール(小・乳白)、油性ペン、丸シール、スズランテープ、アルミホイル、セロハンテープ	ビニール袋の取っ手部分を切り落としておく
	配慮
アルミホイルのかわりに、ドングリにしたり小さな紙コップに人を作って乗せたりするのもおすすめ

絵本を作る

自分で好きなお話の絵本を作る活動です。

1 どんな絵本を作ろうか考えます。もちろん、つじつまが合わずお話になっていなくてもOK。

2 お話が決まったら、表紙に〈○○のおはなし〉とタイトルを書いてあげましょう(字が書ける子は自分で書く)。折り紙を切って貼ったものをきっかけにして絵本を作ります。

3 ページごとにお話があれば鉛筆で書いてあげましょう。〈見立て直す〉ことが得意な4歳児は、その場でお話を作る子もいます。最後はみんなで読み合いっこをすると、とても楽しい時間となるでしょう。

**活動の
レシピ**

素材・道具	事前準備
画用紙(B4)
クレヨン
はさみ
のり
折り紙
中綴じ製本用ホチキスと
鉛筆(保護者用)	画用紙(B4サイズ)2枚を重ねて横にして半分に折り、開いた折り目を中綴じ製本用ホチキス(タテヨコホチキス)で留めて絵本を作っておく
	配慮
半分くらいのサイズの紙にペンで描くミニ絵本もおすすめ

years
4

action
つなぐ
かく
つくる
きる

tool
はさみ
ホチキス
ペン

85

2枚の紙で構成

切り分けた紙の形を、組み合わせたり組み替えたりして構成的に遊ぶ活動です。

〈構成〉と聞くと、何だか難しそうですが、積み木やブロックしかり、子どもはモノを並べたり、つなげたり、組み合わせたりして遊ぶのが大得意です。

　今回は、カード状の色画用紙を2枚重ねて、いくつかに切り分け、その切り分けた形を組み合わせて遊ぶ活動を紹介します。最初に〈2枚重ねて切る〉というルールがありますが、ちょっとした制約がかえって遊びを豊かに楽しくしてくれます。切り分けた紙は、どれもペアになっていて、またパズルのように合わせることもできるので、それが「どうしてみようかな？」という子どもの工夫や意欲を引き出すのです。

みて！
おもしろい形！

活動の
レシピ

素材・道具	事前準備
画用紙（B3またはB4） カード状の色画用紙（B7またははがき大に切る） はさみ のり （水のりもよい） お手拭き クレヨン	画用紙に名前を書いておく。色画用紙をB7サイズに切っておく

導入／展開
①画用紙を1人1枚配り、色画用紙を2枚選ばせる
②はさみを準備し、色画用紙2枚を重ねて切り分ける。1・2回目までは保育者も一緒に行い、3回目以降は子どもに任せる
③切れたことを確認してから、組み合わせて貼ることを伝え、やってみせる
④活動の途中でクレヨンを使うのもよい。切り分け方を少しぐらい間違っても叱らない。偶然生み出した形を遊ぶ子どもたちの発想を大事にする

偶然できた形を何かに見立てたり、細かく切って組み合わせて何かの形にしたり。色と形を意識する活動です。

どこに
貼ろう
かな〜

同じ形を並べるとリズムを感じます。

years
4

action
はる
きる
かく

tool
のり
はさみ

自然のもので遊ぶ

自然に触れるということ自体が造形的な遊びなので無理して何かを作らなくてもよいのですが、〈自然物〉を素材として使った造形活動はとても楽しい遊びになります。

子どもたちにとって身のまわりの自然には、発見がいっぱい！　空を見上げて雲の形に思いを馳せたり、水たまりに映る自分がおもしろかったり……。秋になったら落ちてくる葉っぱも、そんな発見がいっぱいの興味深い素材です。「赤い葉っぱと黄色い葉っぱがある！」「おもしろい形をしている！」「帽子をかぶっているどんぐりがあった！」など。園庭や近くの公園に、落ち葉や枝、ドングリなどを拾いに行きましょう。お気に入りのものが見つかったら、形や色を何かに見立てながら、貼ってつなげて組み合わせて絵を描く活動がおすすめです。

集めた素材は、種類別に分けて箱などに入れておくと〈自然素材コーナー〉ができます。春夏秋冬でその季節ならではのものを集めると、子どもたちはその違いに気づきます。

活動のレシピ

素材・道具	事前準備
画用紙（B3またはB4）落ち葉・枝・ドングリなどの自然物 はさみ セロハンテープ 木工用接着剤 クレヨン お手拭き ビニール袋	拾った落ち葉を入れるビニール袋を用意し、名前を書いておく

導入／展開

①みんなで園庭や公園に落ち葉を拾いに行く
②園へ持ち帰り、落ち葉の形や色をみんなで見比べたり、何かに見立てたりして遊ぶ
③イメージがわいたら、画用紙に木工用接着材やセロハンテープで貼って絵を描く
④活動の途中でクレヨンを使うのもよい

配慮

落ち葉は空気に触れたままだと、時間が経つにつれ、乾燥してボロボロになるので、画用紙に貼るときは、セロハンテープを併用するのがおすすめ。セロハンテープで表面を覆うとラミネート加工をしたような状態になり、時間が経ってもきれいに保存できる。子どもたちにもセロハンテープの使い方のコツを伝え、ペタペタ貼ること自体が楽しい遊びになるように展開する（あとから保育者が行ってもよい）

column

お散歩バッグコレクション

ちょっとした手作りバッグが、お散歩気分や宝探しの気持ちを盛り上げます。大人がベースを作って、一緒にシールやペンで手を加えると、自分のバッグを持つことを喜びます。蓋つきのものは、途中で中身が溢れないように工夫したものです。

自然のもの
で遊ぶ

時季によって落ちている葉っぱの種類が違います。
いろいろ調べてみるのも楽しいでしょう。

落ち葉
ガエル！

葉っぱくんがいっぱい！

あっちに
いい葉っぱ
あったよ！

あとから薄い絵の具
と合わせたら、葉っ
ぱの色合いと共鳴
して「きれーい」とび
っくり！

years
4
----
action
ふれる
はる
かく
つくる
----
tool
葉っぱ

クレヨン

ダンボール

木の実

アイスの棒

絵の具

90

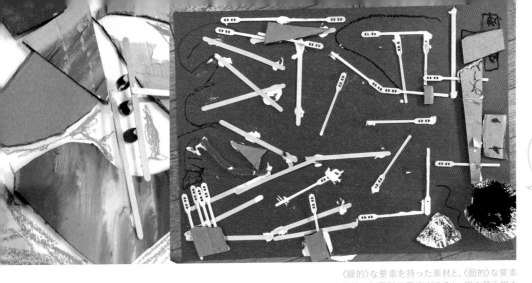

マドラー
めいろ！

〈線的〉な要素を持った素材と、〈面的〉な要素
を持った素材の両方があると、組み替え組み
合わせ、さまざまなものが生まれます。

異素材構成

いろいろな素材の組み合わせを楽しみ、構成的に遊ぶ活動です。

それぞれの素材の質や形といった特徴を活かした、より手応えのある構成遊びです。例えば、いろいろな大きさにカットしておいたダンボール。子どもは、並べたり、つなげたり、囲んだり、重ねたり、立てたり、組み立てたりと、平面立体にこだわらず、あれこれ試して遊びます。そこにアイスの棒が加わって、橋を渡したり、旗が立ったり……。「この棒はこういうふうに使える」、「こうしてみたらどうだろう」、と自らの意思で〈素材〉を〈材料〉として扱えるようになってきているのがよくわかります。

どんな材料をどのぐらい用意するか、どういった材料を組み合わせるか、接着には木工用接着剤を使うかビニールテープはどうか、といった〈素材と道具の組み合わせ〉を考え、試しておくことが保育者の工夫のしどころです。

子どもは思わぬ工夫をしますから、ぜひいろいろな素材で挑戦してみてください。

*活動の
レシピ*

素材・道具	事前準備
素材いろいろ（写真参照） 木工用接着剤 ビニールテープ はさみ 画用紙または色画用紙（B4） ペンやクレヨン（絵の具でもよい）	素材を集め、材料として使えるように大小さまざまなサイズにカットし、仕分けしておく **導入** ①材料を紹介する ②子どものアイデアを聞きながら、少しやってみせる **配慮** 材料と作っているものが混ざらないように、十分なスペースを確保する。1回の活動で終わらずに、子どもが続きをやりたがる場合があるので、貼る活動と描く活動を分けて行ってもよい

years
4

action
きる
はる
かく
つなぐ

tool
はさみ
木工用
接着剤

クレヨンや絵の具などの描画材も使いましょう。

発表会の舞台装置（4歳児）

発表会やお遊戯会で活躍する、4歳児向けの舞台装置作りの方法を紹介します。

4歳児にとって、園で行われる行事は、どれもが一度は経験していることです。これまで、わけがわからないまま本番を迎えることが多かったとしても、4歳児はちょっぴり楽しみな気持ちをもって迎えることができるようになります。発表会の舞台装置もみんなで作って気持ちを合わせることで、本番への意欲も高まります。

しかし、全体を見据えてスケールの大きなものを作るのは、この時期の子どもにはまだ難しく、無理があります。そこで、一人ひとりが把握でき、コントロールしやすい小さなものを持ち寄って、合わせて大きくするタイプの共同制作をおすすめします。

活動のレシピ

素材・道具	事前準備
模造紙 板ダンボール 画用紙 色画用紙 はさみ クレヨン 絵の具 丸シール ビニールテープ 廃材 木工用接着剤 など	必要な素材を揃えておく **導入／展開** ①舞台装置を説明し、一人ひとりがやることをわかりやすく伝える ②個人ごとに制作し、できたら持ち寄って、大きな台紙などに並べたり貼ったりして作っていく（装置が大きなときは、活動を個人制作と持ち寄りとの2回に分けるとよい） **配慮** 発表会で行う演目の内容やテーマに沿った場面を抽出し、子どもたちがイメージしやすいものにする

自分のお部屋を描いて、持ち寄りました。窓を開けたり閉じたりして遊べます（窓の作り方はP97）。

〈魚ダンス〉を踊る子たちは、まず海を表現するためローラーで絵の具遊び。その後、思い思いに魚を作って、みんなで貼りました。劇などの一場面を切り取って説明的にするのではなく、あくまで〈イメージの世界〉です。

お部屋で遊んでるの

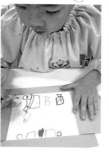

発表会の舞台装置
（4歳児）

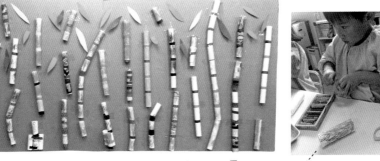

ピンクで
つなげよう
かな

かぐや姫の演目で竹を作ろうということになり、
トイレットペーパーの芯にクレヨンで色を塗り、
ビニールテープでつなぎました。

years
4

action
みんなで
つくる
かく
はる

tool
クレヨン

廃材工作

子どもたちにとって最高の遊びのひとつが、
この〈廃材を使った工作〉です。

かわいい海賊船

箱を開けたら
赤い鳥に
なったよ！

活動のレシピ

素材・道具
いろいろな廃材
（P.9参照）
色画用紙など
はさみ
ビニールテープ
油性ペンなど

事前準備
廃材は家庭に協力してもらって十分
な量を集め、使いやすいように種類
別に分けておく

導入
集めた廃材を部屋に置いておくだけ
で使いたがるので、「自由に使ってい
いよ」「はさみとテープもどうぞ」と
いうだけで始まる

配慮
子どもが困ったときは、相談にのった
り、少し手伝ったりする。また、話を聞
いて作るものに対する熱い思いを共
有する。作っているものと材料とゴミ
が一緒にならないよう、せかさない程
度に時々片づけをうながすとよい

何かおなかの中に
入っています。

おしゃれセットを
作りたいの

94

すごい
かっこいい
やつ

秘密基地

　子どもは、身のまわりにあるさまざまなものを使って遊びます。普段から、空き箱やプリンのカップなど、いろいろな廃材を捨てないでとっておき、自由に使えるようにしておきましょう。その他に、テープ類とはさみ、それに紙が少々使えるようにしてあれば、すぐに廃材工作が始まります。「何を作るか?」なんて難しく考える必要はありません。子どもが自然と自分で見つけだしていくからです。

　活動が始まると、友だちのすることが一番の刺激となって、惹かれ、あこがれ、まねしてみたり、一緒に合体させたりしながら作ります。廃材と道具が使えるようになっているだけで、ごっこ遊びから、作り込み、作り上げる遊びまで、さまざまな子どもの姿や成長を見ることができます。

いろいろな素材があると、子どもの発想が広がります。

years
4

action
つくる
きる
はる
かく

tool
廃材
はさみ

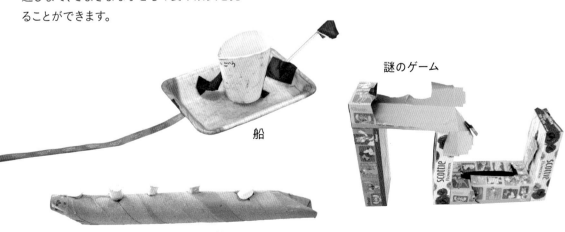

船

謎のゲーム

ボタンが押せる笛

色や形を
きっかけに

素材のもつ色や形をきっかけに、切ったり
貼ったりしながら、並べて組み合わせて
自分だけの世界を作って楽しむ4歳児。
発想が広がるさまざまなきっかけを紹介します。

染め紙

　障子紙を正方形に切り、三角形になるように自由に
折ります。折った紙の角を色水に浸し、広げてみると、
さまざまな模様の紙になりました。十分に乾かしたら、
今度はそれを素材として使い、切って貼って絵を描いて
いきます。偶然染まった色の形を切り抜いたり、色のも
つイメージから情景を発想したりと、染め紙をきっかけ
に絵を描く活動です。

電車と
夕焼け！

活動の
レシピ

column

マーブリングを楽しもう

水をはじく〈水溶液〉の上に絵の
具を垂らして模様を作り、その
上から白画用紙をのせ、水面にで
きた模様を写し取る技法のことを
マーブリングといいます。PVA洗濯
のりやアクリル絵の具を使い自作
の液を作ることもできますが、現在
は市販のマーブリング液がたくさん
あるので、とても簡単に挑戦できま
す。カラフルに入り混じった不思議
な模様の紙をきっかけに、切ったり
貼ったり、何かを作ったりとイメー
ジを広げ展開していくことができる
遊びのひとつです。

素材・道具
障子紙
絵の具
バケツ
はさみ
のり
ペンまたはクレヨン
お手拭き
新聞紙

事前準備
障子紙を25cm四方ぐらいに切っておく

導入
①障子紙をさまざまな折り方で最終的に三角
形（多角形でも可）にし、その角を水で溶い
た絵の具に1秒から数秒浸す。開いてみると
いろいろな模様ができている
②十分に乾かしたら、その染め紙を元に切っ
たり貼ったりして画用紙に絵を描いていく

配慮
半紙を使うと開きづらいので、障子紙や厚手
の和紙を選ぶとよい。染めた紙を置いておけ
るスペース（一人ひとり、名前が書いてある
新聞紙を広げておくなど）を確保し、自分の
染め紙が紛失しないようにする

お家を作る

色や形をきっかけに

　実際に開けたり閉めたりできる、仕掛けがある家。本当のお家みたいで、子どもたちの発想が広がります。ドアを開けたら宇宙人がいたり、中は三階建てだったり、階段をのぼるとそこに秘密の部屋があったり。小さな絵本のようなお家がたくさんできあがりました。

〈お家の作り方〉

① 谷折り　中心　谷折り

画用紙の中心に合わせて、両端を折る。

② 折った状態で、屋根の形をはさみで切る。

③

開くとお家のできあがり。切り方を変えると屋根の形も変わる。

活動のレシピ

素材・道具
画用紙（B4）
はさみ
ペン

事前準備
画用紙を観音開き形に折っておく（作り方①の状態）

導入
①作り方②・③を子どもの前でやってみせる
②お家ができたら、ドアや窓、家の中にいろいろ描いてみせる

配慮
屋根の形はいろいろあってよいので、三角以外にもさまざまなバリエーションを導入で見せる

開くと……
おさるさんの
お家！

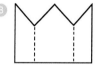

窓が開いたら？

　B6サイズの色画用紙を3回切るだけで、扉が開く窓に早変わり。窓の中は、さまざまな世界が展開しています。窓というフレームをきっかけに、4歳頃の子ども特有の、おもしろくて不思議な発想を十分に発揮できる活動です。

〈窓の作り方〉

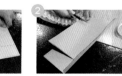

① 色画用紙を半分に折り、折り目ではない側（子どもには「お山じゃないほう」と説明）に2、3cmの折り線をつける。

② 折り目の側から、折り線まで2か所切り込みを入れる。

③ 間にできた袋部分を切ると、〈窓〉の形ができる。

④ 白画用紙に③をホチキスで留める。窓の中をイメージしながら絵を描く。

活動のレシピ

素材・道具
色画用紙
画用紙（B5）
はさみ
ホチキス
ペン
ビニールテープ
丸シール

事前準備
窓の形を作っておく（子ども自身で作る場合は、作り方参照）

導入
窓の中をイメージしながら絵を描いてみせる

years
4

action
かく
きる
はる
つくる

tool
はさみ
ペン

※窓を使った発表会の舞台装置の紹介はP.92。

モチーフを描く

テーマや題材を用いて描く活動です。4歳後半ならではの、
ユニークな表現が飛び出します。

　存分に素材や道具を遊ぶ体験をしてきた
子どもたち、そろそろテーマや題材を用いて
描いたり作ったりしてみましょう。

　今回は、〈クジャク鳩〉をモデルに、みんな
で囲んで描くことに挑戦した活動を紹介し
ます。

　予想していたよりも対象をとらえようとす
る子どもたちの様子に、保育者もびっくり。
いつもより慎重に、筆を動かします。けれども
そこは4歳児。「あしあとあしあと」と言いな
がら鳩の足あとのように絵の具をとんとん
つけたり、たまごを描くのが楽しくなったりと、
途中から興味の対象が広がっていくのも、こ
の活動のおもしろさです。

見て！ きみを
描いたよ！

活動の
レシピ

素材・道具	事前準備
色画用紙（B3） 絵の具セット （P.8参照） モチーフ（今回は クジャク鳩）	色画用紙の裏に名前を書いておく **導入** ①モチーフと十分に触れ合う（よく見る、保育者の話を聞くなど） ②絵の具の使い方の確認をしてから始める **配慮** 「モチーフの絵を描かなければいけない」ではなく、「モチーフをきっかけに、絵の具でいつもとちょっと違うお絵描きを楽しもう」という精神で取り組む

「わーかわいい!!」と
みんな大興奮

思い思いに〈自分の鳥〉を
描いていきます。

years
4

action
**みる
かく**

tool
絵の具

column

モチーフの選び方

　〈モチーフ〉とは、もともとは〈モチベーション＝
動機づけ〉のことです。単なる題材ではなく、
心躍り表現したくなるような物事ととらえるとよいで
しょう。特にこの時期のモチーフは、子どもが「やっ
てみたい」「挑戦してみよう」と思えるきっかけとな
るようなものが適しています。その点、生き物は、そ
の存在自体が子どもを魅了します。その他に静物、
例えばフルーツを描くとするならば、おいしそうに山
盛りに並べて、みんなでにおいを嗅ぎ合ったり、食
べてから描いたりしてもかまいません。大切なのは、
みんなで表現することを楽しむことです。

４歳児の世界

繰り返し試して遊ぶ

　3歳の後半くらいから〈ごっこ遊び〉が盛んになります。次第に遊びは複雑になり、長く続くようになってきます。〈みんながヒーローになって戦う〉というようなものではなくて、受け答えをしながら、なかなか上手に役を演じて遊びます。

　こうしたことからも、これぐらいの年齢の子どもは、一方的に主張をぶつけるだけでなく、〈相手の反応を受け取って、さらに切り返すことができるようになってきている〉ということがわかります。こうした成長は、描き作る場面でもたくさん見て取ることができます。以前は、素材の感触や行為自体に夢中になっていた子どもが、少しずつ画面を意識し、「だったら次はこうしてみるか」と、次の手を繰り出し、工夫をし始めます。〈技法〉や〈構成〉といった試して遊ぶタイプの活動に、特に興味を示し、繰り返し長く遊べるようになってくるのもこの時期の子どもの特徴です。

幅広い子がいる４歳児クラス

　廃材を組み合わせて、いろいろ作るのが好きな4歳児。男の子の間で、それぞれが作った車を自慢し合うのがはやったことがありました。セロハンテープの芯をタイヤに見立てて使ったり、友だちと合体して長い新幹線を作ったり、随所に工夫が見られます。

　そんな中、一人の子が紙を切っては、空き箱にせっせと入れたり出したりしています。何をやっているのか見ていると、「ががーっ」と言ってひっくり返して、また入れて、〈トラックごっこ〉をしているのでした。その子にとっては、作り込むことよりも、その気になって遊ぶことのほうがまだまだ楽しいのでしょう。

　どちらがよいということではありません。むしろ、こういうふうに個人差が大きいのが4歳頃の特徴で、仲間と関わりながら遊ぶこどで、それぞれの好みや意識が育っていくのです。造形的な遊びや活動も、仲間との関わりの中で行われることに意味があります。

「しっぱいした！」が
そろそろ始まります

　造形活動の最中、4歳までの子どもから「しっぱいした」という言葉を聞くことはまずありません。それまでの遊びは、目の前のもの（素材）の変化に心動かされて次の手を繰り出すことを基本としますから、できあがりの想定はそれほどなく、失敗なんて気にすることもありませんでした。強いていえば、保育者の要求が必要以上に高かったり堅かったりしたときに、「できない」「やって」となるぐらいです。

　ところが4歳の終わり頃から、急に「しっぱいした」「もう1回やるから紙ちょうだい」と言いだす子どもが出てきます。それは、「こういうふうにしたいんだ」という自分なりのイメージがある程度固まって、よりこだわりながら描いたり作ったりするようになってくるからです。

　この頃からは、素材や道具をただ出しても以前のようには夢中で遊ばなくなるので、子どもたちと一緒にテーマや目的を見つけながら、描いたり作ったりする必要が出てきます。共通のテーマであっても、一人ひとりの自意識が十分に発揮され、これまでとはまた違った充実感を味わうことができるようになります。

4歳児と技法遊び

　技法遊びは、自らの行為の結果を見ることをおもしろがる活動です。そして不思議に4歳児にピタッとはまります。以前のように素朴に同じことを繰り返すだけではなく、「こうしたらこうなったから次はこうしてみる！」と、より積極的に自分を試すことに夢中になるからです。この本で紹介している〈さまざまな技法遊び〉は、単に模様を作らせるための活動ではありません。次第に、行為の先を予測し操作するようになっていきます。

5歳児

自分の思いを存分に表現できるように

経験を積んだ5歳児の次なる興味は、
〈何を〉〈どんなふうに〉描き作るか、
ということに移ります。
もはや素材や道具と戯れるだけでは、
物足りなくなってきています。
目的やテーマを自分の中でしっかり
もつことが、作る意欲や喜びに
結びつく時期です。

ようちえん

5歳児 造形カリキュラム

5歳児の特徴は、それぞれの子が、仲間との関わりの中でより自分を意識し、しっかりと
思いや考えを発揮し表現するところです。主な活動には、〈ものを見たり、体験したりして描く活動〉、
こだわりをもって〈自分だけの○○を、描いたり作ったりする活動〉、
仲間と共に〈協力し合って描いたり作ったりする活動〉という3つのタイプがあります。

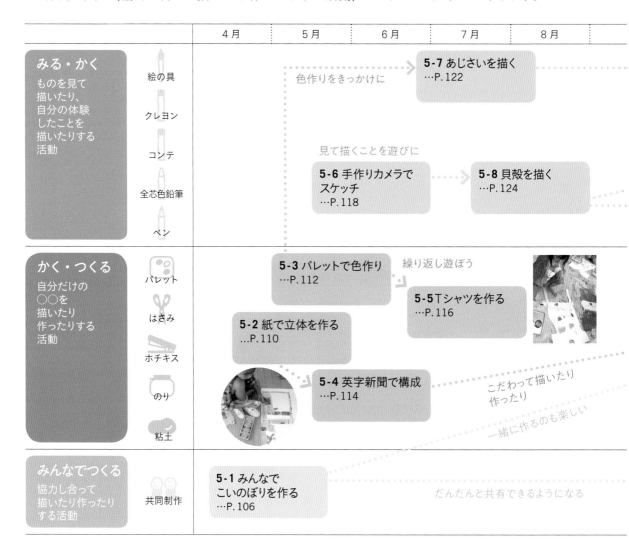

		4月	5月	6月	7月	8月
みる・かく ものを見て描いたり、自分の体験したことを描いたりする活動	絵の具 クレヨン コンテ 全芯色鉛筆 ペン		色作りをきっかけに	**5-7 あじさいを描く** …P.122		
			見て描くことを遊びに	**5-6 手作りカメラでスケッチ** …P.118	**5-8 貝殻を描く** …P.124	
かく・つくる 自分だけの○○を描いたり作ったりする活動	パレット はさみ ホチキス のり 粘土		**5-3 パレットで色作り** …P.112 **5-2 紙で立体を作る** …P.110	繰り返し遊ぼう **5-5 Tシャツを作る** …P.116 こだわって描いたり作ったり		
			5-4 英字新聞で構成 …P.114	一緒に作るのも楽しい		
みんなでつくる 協力し合って描いたり作ったりする活動	共同制作	**5-1 みんなでこいのぼりを作る** …P.106	だんだんと共有できるようになる			

共同制作

共同制作は、3・4歳児の間は保育者がリードしながらの参加型で十分ですが、5歳児になったら話し合いから行うことが可能になります。最初からはうまくできないので、行事ごとに繰り返すことが大切です。
（5-1、5-15、5-16、5-17）

パレット

5歳児になって、初めて使う道具としてパレットセット（P.8参照）を紹介しています。遊びとしても楽しく使えて、慣れてくるとこだわって色作りができるようになり、表現の幅がぐっと広がります。（5-3、5-5、5-7）

●年間のねらい
自分の思いや考えを存分に発揮し、表現することを楽しむ

【1年の活動の流れと考え方】

STEP1——目的をもって描いたり作ったりする活動

STEP2——じっくりと表現に取り組む活動

STEP3——それぞれの思いを表現し合う活動

	9月	10月	11月	12月	1月	2月	3月

※時期はあくまで目安です。

体験を
きっかけに
して描く

5-13 お芋を描く
…P.134

**5-14 いろいろな
ものを描く**
…P.136

**5-9 いろいろな
素材で描く**
…P.126

秋頃から、
いろいろなものを
見て描こう

仕組みや構造のある
工作にも挑戦

**5-10 5歳児の
こだわり工作**
…P.128

5-11 動く車を作る
…P.130

5-12 動物を作る
…P.132

友だちの作るものが
刺激になる

**5-18 記念の
焼き物を作る**
…P.148

**5-15、5-16 発表会の
舞台装置(5歳児)と看板を
作ろう…P.138、P.140**

みんなの
思いを形に

5-17 大きな家を作る
…P.142

工作

素材や道具を十分使いこなせるようになってきた頃には、挑戦
しがいのある仕組みや型のある工作がおすすめです。構造を理
解し、自分だけの◯◯を作ることを楽しみます。イメージの共有
ができるので、作ったものを持ち寄って、共同制作に発展するこ
ともある幅の広い活動です。(5-10、5-11、5-12)

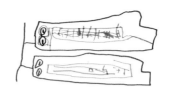

みんなで
こいのぼりを作る

これまでの造形活動を活かした本格的な〈共同制作〉です。それぞれアイデアを出し合い、
イメージを共有してみんなでひとつのものを協力して作る体験です。

　5歳児クラスになって初めての〈共同制作〉です。まずはみんなでアイデアスケッチ。子どもたちの〈こいのぼり〉の発想はとっても自由！　かわいい模様のこいのぼり、手足があるロボットこいのぼり、電車好きの子はもちろん車両のデザイン、恐竜みたいなこいのぼりなどなど、アイデアスケッチからそれぞれの個性が見えてきます。とにかく大人がびっくりするようなおもしろいものばかり！

　アイデアを出したらみんなで話し合います。ただ参加するだけだった4歳児の頃に比べ、5歳児の〈共同制作〉はまさに一緒に協力して作る活動です。この頃になると、自分の意見をもちながらも、他の人の意見も尊重できるようになりつつあります。一緒に作ることで協調性も芽生えたり、友だちとやりとりする中で、一人ではできなかった表現になった

りします。まだまだ完全に役割を分担するのは難しいですが、〈みんなで作る〉喜びを少しでも味わうことができたら成功です。

　アイデアスケッチを見て、クラスのこいのぼりにどれがふさわしいか決まったら、大きい布に描くことに挑戦です！

アイデア
スケッチを
する

こいのぼりにぶらさがって、
宇宙へ行けるかも！？

ぐふふ、
こいのぼりに
クマさんが
乗っちゃった

尻尾が顔になることもあります。

アイデアスケッチは、正しい図を
描くことが目的ではありません。
「そんなこいのぼりはあり得ない
よ」なんていうのはナンセンス。そ
れぞれの〈おもしろいアイデア〉で
大いに盛り上がりましょう。

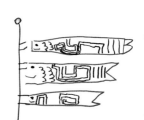

飛行機こいのぼり

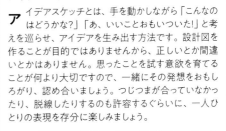

怪獣こいのぼり

column

アイデアスケッチ

ア　イデアスケッチとは、手を動かしながら「こんなの
　はどうかな?」「あ、いいことおもいついた!」と考
えを巡らせ、アイデアを生み出す方法です。設計図を
作ることが目的ではありませんから、正しいとか間違
いとかはありません。思ったことを試す意欲を育てる
ことが何より大切ですので、一緒にその発想をおもし
ろがり、認め合いましょう。つじつまが合っていなかっ
たり、脱線したりするのも許容するぐらいに、一人ひ
とりの表現を存分に楽しみましょう。

緊張の代表者。
一人で
下描きをしました。

みんなで描く

下描きをする

下描きの絵を大切にしながら、みんなで
色を塗ったり描き足したりしていきます。

今回は園のテラスに飾るので布で作ります。教室の壁に飾るなら、大きな模造紙でもよいでしょう。アイデアスケッチで選ばれた代表の子たちが、まず下描きを大きく描きます。その後はみんなで自由に色を塗ったり描いたり。グループ毎にテーマをもって描いてもよいし、思い思いに好きに描いてもよいです。なるべく子どもたちの気持ちに寄り添い、イメージしたこいのぼりを形にできるように保育者はサポートしましょう。

外に飾るなら、水に強いアクリル絵の具を、子どもたちが好きに描くならクレヨンと絵の具にするなど素材も臨機応変に提供します。

活動の
レシピ

素材・道具	事前準備
〈アイデアスケッチ〉 画用紙（B4） ペン 〈こいのぼり〉 大きな綿布（いらなくなったシーツなどでも可） クレヨン 絵の具セット （P.8参照） 新聞紙	綿布は、90×180cmくらいを2枚（2匹分）用意する（もしくは園内に飾りたい所があればそこに合った大きさでよい）。あらかじめ尻尾の部分を切っておいてもよいし、下描きをしてから周りを切ってもよい。布に絵の具で描くと、しみ込んで床が汚れるので、下に新聞紙などを敷いておく 導入／展開 ①アイデアスケッチ ②下描きをする ③みんなで描く 配慮 布がない場合は、不織布や模造紙をつなげたものでもよい

クレヨンと絵の具を使う
方法もあります。

column

お持ち帰り用
こいのぼりの紹介

「自分のこいのぼりも作って持って帰りたい！」という子どもたちのために、簡単にできておもしろい〈こいのぼりスティック〉を紹介します。小さな紙にこいのぼりの絵を描いて切り抜きます。絵の裏に短く切ったストローを貼って丸棒や割り箸に刺します。手に持って動かすとくるくる回ってかわいくて楽しい。勢いがつきすぎてこいのぼりが飛び出さないように、棒の先端や端にはモールやアルミホイルでストッパーをつけてできあがり。

保育者がリードする共同制作
は、作業的になりがちです。大
きな目的は共有しつつも、個人
の意思や意欲も活かしたいも
のです。全部決めずに、思い切
って「みんなで考えてやってみ
て！」と任せることが大事です。

years
5

action
みんなで
つくる
かく

tool
絵の具

机の上で作り始めたものの、
子ども同士で立体を合体さ
せる子は床に移動。好きな場
所で、それぞれ挑戦中！

紙で立体を作る

紙を折ったり曲げたりして組み合わせ、立体を作っていく遊びです。
5歳児クラスになると、構造を意識して遊びます。

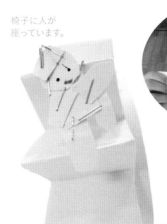

キリンがお昼寝
しています。

台紙の上に、紙を立てるにはどうすればよいか、子どもたちと一緒に試してみましょう。細長い紙を台紙に立て、そっと手を離してもなかなか立ちません。「どうしたらいいと思う？」と聞くと、「端っこを折るといい」「テープで貼るといい」、さすがは経験豊かな5歳児さん、いろいろなアイデアが出てきます。「ではやってみるね」とみんなの前でいくつか試してみましょう。「輪っかにしても立つね」「輪っかをつまむと、三角とか四角もできるよ」「先生、三階建てにしてみようかな」……。もう子どもはやりたくてうずうず。「みんなもやってみよう」のひと言で、紙で立体を作る挑戦が始まります。

途中、友だちの作っているものに感心したり、「ぼくたちの合体してもいい？」と聞いてきたり、「だれか、そっち持ってて！　倒れちゃう！」

と応援を求めたり。子どもたちが手応えを感じながら取り組む姿を見ることができます。

バランスや強度など、物事の全体や構造を意識するようになってきているこの時期、より夢中になる活動です。

かいだんに
なった！

椅子に人が
座っています。

鳥だよ！

活動のレシピ

素材・道具	事前準備
画用紙（土台用・B4） 細長く切った画用紙（部品用） はさみ 貼る道具（セロハンテープやホチキスがおすすめ。のりでも可） ペン類	部品用に画用紙を2~3cm幅くらいにたくさん切っておく。子どもが自分で切るのもよい **導入** ①紙を立たせる方法を相談する ②いろいろな形の作り方を紹介する **配慮** 具体的な〈何か〉を作ることを求める必要はない。立体を作ること自体が遊び。イメージは作りながらどんどん出てくる

years
5

action
かく
つくる
みんなで
つくる

tool
はさみ
ホチキス

パレットで色作り

いろいろな色を混ぜて自分だけの〈色〉を作って遊ぼう！

　今までは保育者が用意した絵の具セットで絵を描いていましたが、5歳児クラスでは、自分で〈色〉を作って描く体験をしてみましょう。

　この頃になると〈色を混ぜること〉にとても興味がわいてきます。初めてのパレットに「赤と青を混ぜると紫！」「黄色と青は緑になるよ！」と大興奮。大人にとっては当たり前のことでも、彼らにとっては大きな発見です。だんだん慣れてくると、自分だけの色を開発し始めて「きれいだな〜」「珍しい色が作れた！」と感動の声がたくさん聞こえてきます。

　このパレット遊びは、正しいパレットの使い方を学ぶためにするのではありません。あくまで自分なりの方法でいろいろ試し、〈色作り〉を遊ぶことが目的です。今回はバケツ

の水も自分で替えます。筆を洗うたびに水の色が変わることもおもしろく、また水を替えるのも楽しい遊びのひとつです。子どもたちが混乱しないよう動線を確保しながら、たくさんの発見を見守りましょう。

作った色を並べたり、それで思い思いに絵を描いたり……。「こんな色ができたよ！」「それどうやって作るの？」子ども同士で、色作りの話で大盛り上がりです。

自分だけの
色がたくさん
できました！

パレットセットで用意する色

　基本は3原色の赤・青・黄、それに加えて白の4色です。これで大抵の色は作れます。導入のときにそれぞれを混ぜたら何色になるのか、子どもたちと一緒に確認しながらやってみせます。色の配分によって少しずつ違う色ができるので、その変化を子どもたちは楽しみます。今回は色を作るという活動ですが、モチーフがある場合は、そのモチーフの固有色に近い色をパレットに用意してもよいです（葉っぱがあるものには緑色を入れるなど）。するとさらに色のバリエーションが増えて、表現の幅も広がります。

years
5

action
かく
つくる

tool
パレット

活動の
レシピ

素材・道具	事前準備
パレットセット（P.8参照）画用紙（B4）	パレットのセットを人数分用意する

導入
パレットの使い方を伝える（コラム参照）
配慮
パレットの使い方は、保育者が何度かやってみせた後、全員で同時にやってみるとわかりやすい。B4の画用紙では小さいようなら、B3の画用紙を正方形に切った程度の大きさでもよい

活動の
レシピ

素材・道具	事前準備

素材・道具
新聞紙（1人あた
り片面の半分）
画用紙（B3）
のり
クレヨン
絵の具セット
（P8参照。6色・
4人で1セット）

事前準備
新聞紙をカットしておく。絵の具は薄めに用意する
（絵の具と水は1：5くらい。細筆を入れておく）

導入／展開
①新聞紙をいろいろな形にちぎってみせ、画用紙
に貼った後にクレヨンで自由に描いてよいことを
伝える
②途中で絵の具セットを配置し、すごく薄く溶い
た絵の具であることを伝える（固形水彩絵の具で
もよい）

配慮
新聞紙は台紙となる画用紙とだいたい同じ大きさ
に。台紙を小さくするときは新聞紙もそれに合わ
せる。英字新聞が手に入ると、格好よくなる

形を見立てたり、絵の具のしみ
込む様子に夢中になったり、楽
しみ方はそれぞれです。

114

英字新聞で構成

偶然できた形で遊ぶ今までのやり方から、
より素材の質感を活かした絵作りへ。

　新聞紙には紙の目があって、なかなか思うようにちぎれません。そうした抵抗感も、子どもにとっては遊びの元になります。「今日はこの紙をおもしろい形にちぎってみよう」「こっち向きにちぎると、細長く裂けるよ。でも好きな形にしたいときは、ちょっとずつしないとなかなかできないよ」。そうした言葉かけが、子どもの挑戦する意欲を駆り立てます。「おもしろい形ができたら教えてね、合体するともっとおもしろいかもね」と、できた形は台紙に貼ることを伝えて活動をスタートさせましょう。
　新聞紙だけではできないところはクレヨンを使って描き足します。また、ごく薄く溶いた絵の具や固形水彩絵の具を用意しておくと、新聞紙にうっすらしみ込んで美しいです。「新聞紙に塗ったらガラスみたいになった」と、質感までをも感じることができるようになった子どもたちの美意識に驚かされます。

column

コラージュの楽しみ

　この活動のように雑誌や新聞紙などの印刷物を貼って画面を作ることを〈コラージュ〉といいます。選ぶ素材や画材の組み合わせによって、見た目の印象も遊び方も大きく変わりますので、子どもたちといろいろ試してみるのもいいでしょう。

恐竜が何か
食べてる！

シンメトリックで
かっこいい！

海の世界です。岩陰に魚が
隠れようとしています。

ちぎったからこそできるおもしろい形。組み合わせてまた新たな形を生み出していきます。

years
5

action
かく
つくる
はる

tool
新聞紙
のり

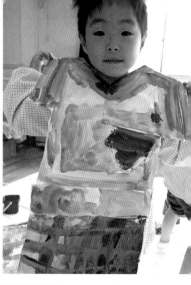

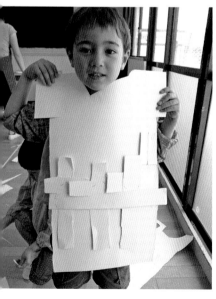

Tシャツを作る

自分で作ったTシャツの形に、自分で作った色で描いたり塗ったり。
オリジナルTシャツのできあがりです!

パレット遊びの2回目（パレットで色作り
→P.112）。子どもたちがより深く楽しく遊べるように、間を空けず繰り返し何度も行うことが大切です。

今回はTシャツ作り。基本の形だけ教えて、あとは自分の思い思いにはさみで切ったりホチキスでつなげたり自由に作ります。襟や長袖をつけたり、スカートをつけてワンピースにしたり、ネクタイ、ベルト、ボタンで装飾したり、ポケットの中にも何か入っていたりします。

思い思いのTシャツができたら、今度はパレットで色づけです。2回目なので、みんな使うことにだいぶ慣れています。「ここはこういう色にしたい」と意志をもって色作りをしたり、自分の得意な絵を描いたり。自分でこだわった形なので意気込みも違います。ベルトに差した剣を取り出して丁寧に塗って、かっこいい服ができたら「探検に行ってきまーす!」と楽しそうに歩く子もいます。こうして、それぞれ思いのこもった自分だけのTシャツ

ができあがったら、最後はみんなでベランダに干して鑑賞タイム。友だちの作ったTシャツにも興味津々です。

活動の
レシピ

素材・道具	事前準備
画用紙 （Tシャツ用B3・部品用B4） はさみ ホチキス セロハンテープ パレットセット （P.8参照）	パレットセットは人数分用意する **導入／展開** ①画用紙を切ってTシャツの形にする ②飾りをつけるなど、いろいろ自分で工夫する ③パレットで色づけする **配慮** 〈Tシャツ作り〉と〈パレットで色づけ〉は、活動を2回に分けて行うとよい。ホチキスが届かない所にはセロハンテープを出してあげる（多用すると絵の具が上にのらなくなるので少しにする）

次はどうしようかな?

years
5

action
かく
つくる

tool
パレット
はさみ

子どもたちの「こうしたい」がぎゅっと詰まったTシャツ。みんな真剣です!

できあがったTシャツはテラスに並べて干します。

ぼくは
ダブルカメラ

手作りカメラで
スケッチ

自分だけのオリジナルカメラを作って、
撮影ごっこ（スケッチ遊び）をする活動です。
〈目的をもって作る〉ことや〈見て描く〉ことを、
遊びを通して楽しく体験できます。

活動の
レシピ

素材・道具	事前準備
お菓子の空き箱 画用紙や 色画用紙など （B5くらい） はさみ テープ類、のり 部品用の素材 （アルミホイルや ストローなど） 油性ペン 丸シール リボン	空き箱の中心の前後に穴を開けておく （カッターで1cm角くらいにくりぬく、の ぞけるように） **導入** 活動を紹介し、カメラを試しに作ってみ せる（作り方参照） **配慮** カメラができた子には、リボンをつけて 首から下げられるようにしてあげる。で きた子は、小さい紙を用意しておき、そ の場で試しに撮影（P.120参照）ができ るとよい

1

カメラを作る

　子どもたちに家からお菓子の空き箱を持っ
てきてもらい、事前に箱の前後に穴を開けて
のぞけるようにしておきます。これだけで「カメ
ラだ！　カメラだ！」と子どもはその気になりま
す。そこで「でもまだカメラっぽくないから、もう
少しかっこよくできないかな？」と子どもたちに
提案してみましょう。

　紙を丸めて望遠レンズをつけたり、アルミホ
イルで「ぴかっとひかるやつ」を作ったり、おも
しろい工夫がたくさん出てきました。こだわり
がつまったオリジナルカメラのできあがりです。

レンズのフードは、紙を丸め
て下にタコの足のように切り
込みを入れます。

〈カメラの作り方〉

① 前もって、空き箱の中心の
前後に1cm角くらいの穴を開
け、のぞけるようにしておく。

② 画用紙を丸めて筒状に
し、レンズを作る。トイレット
ペーパーの芯などを使っても
よい。丸まった紙の端に切り
目を入れて開き、空き箱の穴
を塞がないように気をつけて、
テープでしっかりつける。重
ねてつけて望遠レンズにする
こともできる。

③ フラッシュやシャッターなど
の部品を自由に作る。画用
紙の他に、アルミホイルやス
トロー、ペットボトルの蓋な
どがあると、子どもが工夫し
やすい。

④ ビニールテープや丸シール
をつけたり、油性ペンで色を
塗ったりする。

⑤ カメラが完成したら、リボ
ンをつけて首にかけられるよ
うにする。

これは望遠
レンズつき。

はい
チーズ！

2
カメラを持って撮影

今日は、近くの公園に自分で作ったカメラを持っておさんぽです。

何かおもしろいものを見つけたら、カメラを構えてパチリ、その後は、すぐにその場で現像です。写真サイズの小さな紙に、鉛筆や色鉛筆、全芯色鉛筆などでささっと描いていきます。写真ですから、ピンぼけも、写し損ねもありますし、白黒だってカラーだってよいのです。〈ごっこ〉だからこそ、「うまく描かなきゃ」なんて硬くならないで、自由に楽しみながら自分の発見を〈スケッチ〉できるのです。

ぼくたち
カメラマン

現像の準備中。

とってもすてきに撮れています。

あっちこっち、移動しながら撮影します。

石の上でアリの行列を発見したようです。

活動の
レシピ

素材・道具	事前準備
手作りカメラ（P.119参照） 画用紙（写真サイズ） 鉛筆 色鉛筆など	写真用の紙は1人10枚くらいを輪ゴムなどで束ねておく **導入** ①園から出発して撮影場所に到着・集合 ②撮影のやり方と現地でのお約束（活動の範囲など）を伝える **配慮** 子どもの冒険、フィールドワークを存分に楽しみ応援する。一方、危険防止には十分に配慮する

3
アルバムを作る

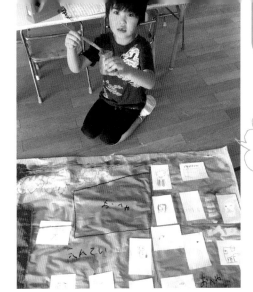

園庭は
広いよ！

撮影した後の展開となる活動です。

せっかく撮ったすてきな写真。一人ひとりの発見やアイデアが詰まっていますから、そのままにしておくのはもったいない。写真をアルバムに飾れるように、みんなで自分のアルバムを作ってみるのはいかがでしょう？

この一連のカメラの活動は、最初から最後まで子どもたちがその気になって、楽しく、真剣に取り組むことができます。それは、この活動が〈ごっこ遊び〉の精神で成り立っているからです。子どもにとって〈ごっこ遊び〉は、いわば〈未来を生きる体験〉です。子どもたちの中から、未来のカメラマンやデザイナーが生まれてくるかもしれませんね。

園舎の中を撮った写真を持ち寄って、
みんなで保育園の地図を作りました。

活動の
レシピ

素材・道具	事前準備
撮影ごっこで撮った写真の紙	撮影した写真を子どもごとに分けておく
色画用紙（B4）	**導入**
折り紙など（飾り用）	写真を飾るアルバムを作ることを伝え、試しに少しやってみせる。本にする際は紙を重ねて端をホチキスやテープで留める。必要に応じて台紙を足してページを増やすことを伝える
のり	
テープ類	
はさみ	**配慮**
クレヨン	子どもなりにレイアウトを楽しめるので、タイトルをつけたり、写真を貼る場所を考えたりすることをうながすとよい
色鉛筆	

撮った写真を、いつでも本物の写真ポケット
（フォルダー）に入れられるようにしておくと、
しばらく撮影ブームが起こります。

写真をビニールテープで
カラフルに貼りました。

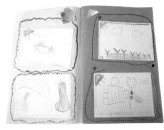

周りも飾ってあります。

years
5

action
みる
かく
つくる

tool
鉛筆
色鉛筆

121

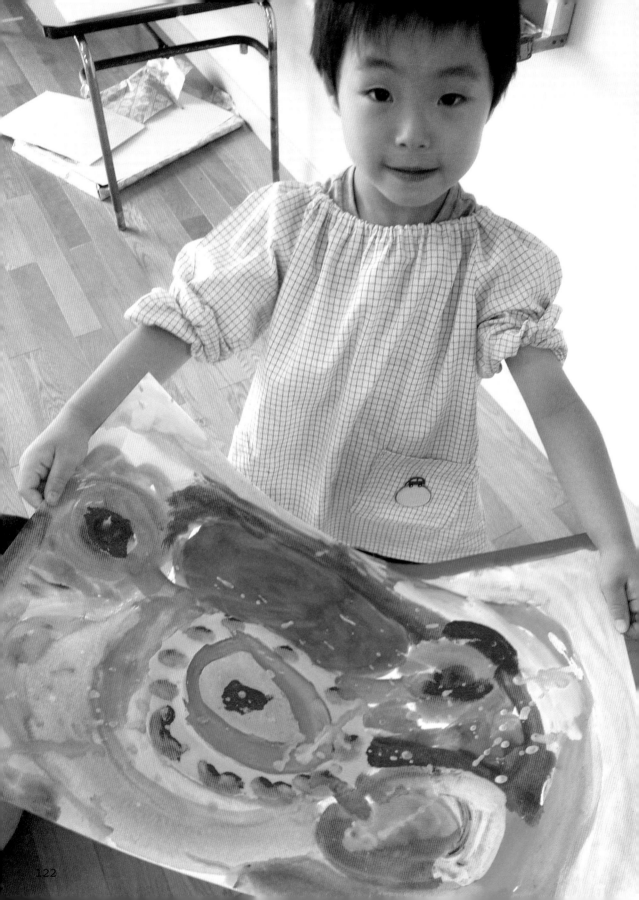

あじさいを描く

今回は、モチーフを見て自分なりに観察し感じたことを、パレットを使い
思い思いに描きます。〈自分だけの色〉を作って、〈自分なりの表現〉に挑戦です！

　5歳児クラスになったら〈モチーフを見て
描く〉という活動を行いましょう。モチーフを
上手に描くことが目的ではなく、子どもたち
一人ひとりの視点で感じたことや発見した
ことを〈表現する〉ことを楽しむのが目的です。
描いた絵を見ると、「ぼくはこう描いた！」「私
はこんなふうにしたの」と、それぞれのこだわ
りや興味の矛先が見えてきます。

　モチーフは、時期的に旬のものを選びます。
6月頃ならあじさいがよいでしょう。描くため
に使う素材は、もうお馴染みのパレットを使
った絵の具です。パレットでは絵の具の繊細
な色合いを自分で工夫して作ることができ
るので、青紫や赤紫、ピンクや水色など、さま
ざまな色があるあじさいを描くにはピッタリ
です。さて、子どもたちは、どんなふうにあじ
さいを表現するでしょうか……？

あじさいの表現はいろい
ろ。お花をひとつずつ描
いたり。丸い塊として表現
したり。薄い紫、濃い紫を
作り分け、葉っぱの色も
こだわって描きます。

本物のあじさいをよく観察しよう！

カラフル
あじさい

years
5

action
みる
かく

tool
パレット

活動の
レシピ

素材・道具	事前準備
モチーフ （今回はあじさい） 画用紙（B4） パレットセット （P.8参照）	パレットセットは人数分用意する 導入／展開 ①あじさいを観察する ②画用紙に絵の具で描く 配慮 モチーフのあじさいは、いろいろ な色や種類を用意し、花瓶などに 入れて中央の見やすい所に置く

たくさんの中から選んだ、お気に
入りの貝殻を目の前に持ってきて、
まずはじっくり観察します。その
後、自分なりのやり方で描き始め
ます。みんな、真剣な表情で描い
ています。

貝殻を描く

子どもたちの興味を大事に、描くことで対象に迫る活動です。

　園生活最後の夏が近づき、一段と成長が感じられる子どもたち。身のまわりの物事に対する知的な関心も高まってきて、図鑑なども好んで見るようになってきます。この時期に、おすすめなのが興味のある対象物を調べたり観察したりすることです。今回は、海で集めた貝殻を、みんなでじっくり見てみることから始める活動を紹介します。

　まずは、たくさんの貝殻の中から自分の気に入ったものを見つけます。どんな形か、色か、虫眼鏡で見てみたり、耳に当てて音を聞いたり……。中には詳しい子がいて「これは、マキガイのなかまだ！　図鑑にのっているよ」などと楽しく観察します。

　興味が膨らんできた頃合いを見て、「自分の好きな貝を描いてみようか」と試しに言ってみると、「やる、やる」とやる気満々。まだちょっと難しいかなぁと思って見ていると、貝の形を鉛筆で写した後、色鉛筆で色を塗

った子が「ほ、ほ、本物ができちゃった！」と自分でびっくりしたり、ぐるぐるっと渦巻きを描いたところにまわりにトゲトゲを描いて、「こんな感じ」と持ってきたのが、正にそんな感じの貝だったり……。子どもたちは、興味をもつと、〈観察画〉などという大人の硬い常識を軽々と超えて、柔軟に表現を遊びます。

鉛筆で貝の型をとる子が現れてびっくり！なるほど、そういう方法があったか、と子どもの自由な発想に驚かされます。

波の音が聞こえるよ

活動のレシピ

素材・道具	事前準備
モチーフ（今回は貝殻） 画用紙（B4） 鉛筆 色鉛筆	図鑑などで貝殻の名前を調べておく 導入／展開 ①モチーフを紹介し、触れたりしながらじっくり観察する ②描いてみるよう伝える（試しに少しやってみせてもよい） 配慮 描くことで、対象をよりしっかり見て発見し、自分なりにとらえてみようとする意欲を育てることが大切。いろいろなとらえ方があるのが当然なので、保育者はおおらかに見守ること

years
5

action
みる
かく

tool
鉛筆
色鉛筆

いろいろな素材で描く

素材を自分なりに操れるようになってくる5歳児は、いつもとは違う描画材にも挑戦します。

「こういう世界を表現したい」と明確になってくる5歳児は、絶妙な色味や雰囲気も自分なりに表現します。手で混ぜて無数の色味を作り出せるコンテは、小さなこだわり派たちにはうってつけの素材です。

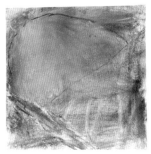

コンテ

　顔料を四角く練り固めた水性の描画材を〈コンテ〉〈コンテパステル〉などと呼びます。コンテは定着材（油）を含まないので、ギュッと強い線も引けるし、寝かせて描くと優しい色合いの面も作れます。さらに手でこすれば濃淡が生まれ、粉が混ざって色が変わります。触覚的に楽しみながら、コンテの特徴を活かしたモチーフを描くのはどうでしょうか？

活動のレシピ

素材・道具	事前準備
コンテ	コンテは長いものは半分に折っておくと使いやすい
墨	
クレヨン	導入／展開
絵の具	さまざまな描画材を探し、子どもたちの興味に合わせて使ってみる
画用紙	
割り箸	配慮
など	コンテはできあがったらフィキサチーフ（定着スプレー）を吹きかけると、色が落ちない。墨は洋服につくと落ちにくいので、汚れてもよい格好で

墨

絵の具の黒とは違い、深い独特の味わいがある墨。子どもたちもその漆黒の世界に吸い込まれるように墨を使って絵を描きます。濃い墨と薄い墨を使い分けたり、あえて滲ませて墨の特徴を活かしたり、または割り箸を使いシャープな線を楽しんだり……。墨の持つ雰囲気にあったモチーフやテーマを考えるとイメージがどんどん広がるでしょう。

おなかのところは
シマシマ
なんだよ

割り箸に墨汁をつけて、図鑑で調べた昆虫に挑戦中。

大きな紙にタンポで色をつけてお花畑にして、墨で描いた虫を並べました。お花は、墨にクレヨンです。

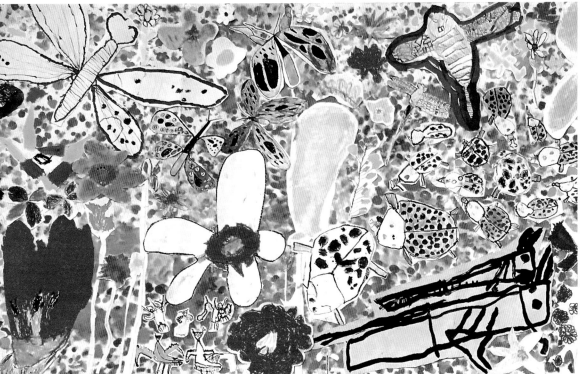

years
5

action
かく
ふれる

tool
コンテ
墨

5歳児のこだわり工作

仕組みと構造を意識しながら作る、こだわり・アイデア満載の工作です。

腕時計

2か所切り取るだけで紙コップが腕時計に!

いろいろな素材を
工夫して使うと
個性がキラリ!

紙コップを
横から見た状態

ベルト

切り取る　　　切り取る

ベルトの端となる
部分に向かって、
少し広くなるようにする

片方のベルトに、輪ゴム
を2重に巻いて留める。
ベルトと輪ゴムの隙間に
もう片方のベルトの端を
通すと外れない

1 紙コップの2か所を、図❶のようにはさみで切り取ります。

2 図❷のように開き、針をつけたり、ペンやシールですてきにしたり。プラスチックのコップで時計のガラスケースも作ることができます。

3 ベルトの両端を輪ゴムがひっかかるように留めたら、簡単に腕を通すことができます。

活動のレシピ

素材・道具
紙コップ、
はさみ、ペン、
シール、テープ、
セロハンテープ、
輪ゴム、モール、
プラスチックの
コップ

事前準備
切る部分に事前に線を引いて
おいてもよい

配慮
さまざまな素材を用意しておくと、時計
をきっかけに変身ごっこに展開すること
もある

パタパタ鳥

仕掛けのある工作でイメージが広がります。

飛んでる

1 飛ぶ＝羽というイメージを元に、鳥や虫、飛行機などの乗り物、天使や空想の生き物など、作りたいものを考えます。

2 アイデアが決まったら、B4画用紙を縦に半分に折ります。その山折り部分を下から3〜4cmの所で折り、ホチキスで留めます。図❶

3 半分折りのまま、思い思いに横から見た羽の絵を描き、はさみで切ります。図❷

4 羽を開いて、描いたり飾りをくっつけたり。厚紙を二つに折った〈取っ手〉を山折り部分につけると、動かす度本当に羽ばたいているようなパタパタ動く仕組みになります。

❶

ロケット鳥

❷

ホチキスで留めた
部分は残しておく

活動のレシピ

素材・道具
画用紙（B4）、
はさみ、ホチキス、
丸シール、
ビニールテープ、
ペン、色画用紙、
〈取っ手〉用の
厚紙（白ボール紙）

事前準備
〈取っ手〉は動かして遊ぶので
丈夫な厚紙（白ボール紙など）を選び、
3×15cmくらいに切っておく。

配慮
画用紙ではなくクリアファイルなどで作
ると透明感、清涼感がある鳥ができあ
がる。

　素材や道具を自分なりに操り、仕組みや構造を理解して自分なりに表現する5歳児の工作です。「僕だったらこうする」「私はこうしたいの」と個性が発揮できるように、テーマは同じでもあとは自由！　作ったもので遊びながら、改良したり作り込んだりやり直したり……ただの工作にとどまらない創造的な時間の紹介です。

かざぐるま

風を受けて勢いよく回ります。

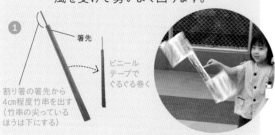

❶

箸先

ビニール
テープで
ぐるぐる巻く

割り箸の箸先から
4cm程度竹串を出す
（竹串の尖っている
ほうは下にする）

● 小さいほうを
縦に半分に切る（羽根）

羽根

A

羽根

● 大きいほう（A）は
半分折りを3回繰り返し
8分の1の幅に
（羽根と羽根を
つなげる棒になる）

きっちり折らない
（こどもが折るぐらいで
ちょうどよい）

❸

A

羽根

ホチキスで
留める

山折り
（少し折り目を
つけると抵抗が
増してよく回る）

輪ゴム

谷折り

隙間が
あるほうが
安定して
回る

❹

Aとのつなぎ目が
出ていない面で
風を受けるようにする

1 まずは持ち手となる部分を作ります。図❶

2 羽根部分は子どもたちが画用紙1枚で作ります。まずは四つ切り画用紙を横にして図のように切ります。図❷

3 パーツができたらクレヨンで思い思いにお絵描きします。描き終わったら、保育者が大型ホチキスで組み立てていきます。図❸

4 Aの中心に穴を開け、1の持ち手を差し込み、抜けないように輪ゴムで留めます。手前側に羽根を少し折ったら、できあがり。図❹

活動の
レシピ

素材・道具
画用紙（B3）、
クレヨン、はさみ、
ビニールテープ、
竹串、割り箸、
輪ゴム、
大型ホチキス
（保育者用）

事前準備
竹串と割り箸で
持ち手になる部分を作っておく
配慮
4歳児が行う場合は、八つ切り画用紙
で作ると小さいので扱いやすい

ロープウェイ

上から下へ、何度でも滑らせたくなる！

動いたー！

階段など
段差を
利用するのが
おすすめ。

1 牛乳パックを半分くらいのところを切ります。余った部分を部品の素材として屋根（写真参照）にしたり、人を作って乗せたりと作り込んでいきます。

2 屋根部分に、ストローパーツをつけます。

3 部屋のどこかに高低差をつけてタコ糸をピンと張り、上から下へ滑らせて遊びましょう。

〈ストローパーツの作り方〉

1 タピオカストローを両側から挟むようにテープで留める。

片方を
切っておく

2 ストローを図❶のように切っておくと、切れ目からタコ糸を入れることができるので、タコ糸がぴんと張った状態のまま、子ども自身で繰り返し滑らせることができる。

活動の
レシピ

素材・道具
牛乳パック、
タピオカストロー、
（トイレットペーパーの
芯などでも代用可）、
はさみ、ホチキス、
ビニールテープ、
タコ糸、丸シール、
画用紙、色画用紙、
油性ペンなど

事前準備
牛乳パックを集めておく
（切るのが難しそうであれば事前に
半分くらいに切っておく）
配慮
滑らせる紐は太いタコ糸か、100円
ショップなどに売っている園芸用の紐が
丈夫で便利

years
5

action
かく
きる
つくる

tool
はさみ
クレヨン
テープ

動く車を作る

走らせて遊ぶことができる、車輪が動く車作りに挑戦してみましょう。
単純な工作では満足できない5歳児も、うれしくてたまらなくなる背伸びした工作です。

　5歳児になり、これまでは難しかった仕掛けや仕組みのある工作でも、その構造を理解し活用することに喜びをもてる年齢になってきました。そして、子どもだけでは実現することが難しいものも、ちょっとした手助けがあれば十分作ることができます。今回は、〈動く車輪〉をきっかけに、思い思いに車を作ります。

　動く車輪作りは、組み立てる際に少々手助けが必要になりますが、〈本当に動く〉ということが大きな期待となって、作る喜びが倍増します。

　自分の車を、子どもたちはうれしそうに動かして遊びます。板ダンボールで坂道を作ってあげると、そこがスタートラインになって、次々レースに参戦。壊れたら修理もできます。

だって買ったものではなくて、自分で作ったものですから。大きな修理のときは、工場長（保育者）の所にピットイン。作ったものがすごく気に入ると、遊び終わってからも、並べたクルマを、ずっとうっとり眺めています。

平らな紙から、立体を作っていきます。仕組みを理解し、活かしながら好きな車の形に作ることが5歳児になると可能です。子ども自身、「おれ、スゴイの作った」と静かに興奮していました。

みんなで
レースだ！

〈動く車の作り方〉

①

ペットボトルの蓋

ペットボトルの蓋の中心にキリで穴を開けておく。これを人数分×4個ずつ作る。

②

竹串

ストロー（半分）

竹串を①で作ったタイヤに図の向きで差し、半分に切ったストローを通してから、もうひとつのタイヤを差す。竹串のとがった先ははさみで切る。車の土台になる紙の裏に、ストローの部分をセロハンテープで貼りつける。

活動のレシピ

素材・道具
車の土台の紙
（白ボール紙か厚めの画用紙B6）
車の部品（画用紙B5、切れ端紙いろいろ）
車輪の部品セット
（1人分：ペットボトルの蓋4つ・ストロー1本・竹串2本）
はさみ
ホチキス
油性ペン
セロハンテープ
シールやテープ類
のり
板ダンボール

事前準備
タイヤの部品を揃え、子ども1人分ごとに分けておく（現場対応が不安な場合は、作り方②まで作っておいても可）。車の土台や部品の紙をそれぞれ用意しておく
導入／展開
①動くクルマを作ることを伝え、車輪を組み立てて見せる（作り方参照）
②土台の紙の上に椅子や屋根など部品をつけ、走らせてみる
③イメージが膨らんだら、車作りスタート
④車体が完成したら車輪をつける。たくさん遊び、途中で車が壊れたら修理する
配慮
準備が少し大変だが、子どもの大きな喜びや自信になるので、ぜひチャレンジを

years
5

action
かく
つくる
きる
はる

tool
はさみ
ホチキス
ペン

動物を作る

紙で立体的な動物作り。構造を理解し、
目的をもって自分なりにアレンジする工作です。

　5歳児になると、構造が理解できるようになるので、〈型〉がある工作もおすすめです。最初にごく基本的な作り方を教え、そこから自由に発想し、工夫して作り上げていきます。

　例えば動物。〈型〉は動物の形態の基本となる〈四つ足〉（作り方参照）です。あとはそれぞれアレンジしていきます。足と首を長くしてキリンにしたり、体を長くしてワニにしたり、お腹が膨らんだ牛、座らせてペンギン、たてがみがかっこいいライオン……工夫すれば何にでもなります。

　それぞれできたものを持ち寄り、大きな土台と廃材を使って、グループで動物園を作っ

てもよいでしょう。お家や道やタワーなど、自然に動物以外のものも作り出し、動物園というよりは、〈動物がいる町〉のようなおもしろい空間ができあがるはずです。こうして、友だちと一緒にアイデア満載のひとつの作品を作りあげます。

どんな動物を
作るか、図鑑を
見ながら研究中。

動物を作る

動物ができたら、グループで持ち寄って動物園を作ってもよいでしょう。動物園というテーマがあると、子どもたちがイメージを共有しやすいので充実した共同制作になります。

大きな角をつけてトナカイにしました。

活動のレシピ

素材・道具	事前準備
画用紙（B4） はさみ ホチキス テープ類 セロハン クレヨン ペン 廃材 白ボール紙 模造紙 など	動物園の支持体となるもの（白ボール紙、模造紙など）を用意する 導入／展開 ①動物の作り方を伝える （作り方参照） ②各自自由に作ったものを持ち寄り、グループで動物園を作る 配慮 動物園を作る際は、廃材をうまく使い、立体的な空間ができるように手だてを教えるとよい

セロハンを使って模様にしています。

〈動物の作り方〉

①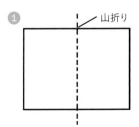

山折り

画用紙を半分に折る。

②

B　A　B

折り目側でないほうから、2枚一緒に2か所、幅が均等になるように切り込みを入れる。

③

Aが輪になるようにホチキスで留める。

④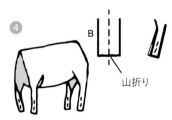

B

山折り

Bの先を山折りにし、ホチキスで2か所くらい留める。これによりしっかり立つようになる。

⑤

②のAとBの幅や長さを変えたり、さらに部品をつけたりすることによって、さまざまな動物が作れる。

years
5

action
かく
つくる
みんなで
つくる

tool
はさみ
ホチキス
クレヨン

お芋を描く

楽しかった芋掘り遠足。後日掘ったさつまいもをたくさん並べて絵を描きます。
芋掘りの体験を通して自分なりに発見したことや感じたことと一緒に、
目の前のさつまいもをよく観察して自分なりの表現を楽しみます。

さつまいも畑の
仲間たち

ごしごし、
固いお芋に
なってきたぞ

カラフル！ とても色鮮やかに
描いています。

さつまいもにもいろいろな形があります。細長いもの、丸く膨らんだもの、ちっちゃいものや大きいもの。色もいろいろ、濃い紫や赤紫、土がついているものや皮が少し剝けているものも！

さつまいもは固いので、ぎゅっとした塊をクレヨンで表現しましょう。ぎゅっぎゅっと色を混ぜていたら……何だか似てきた！ 蔓のくるくるしているところや独特な葉っぱの形もおもしろい！

あじさいのとき（P.122）同様、単なる描画をする活動ではありません。モチーフに迫り、印象や形態をとらえて表現を楽しむ子もいれば、自分たちが芋掘りしたときの体験を絵を通して表現する子もいます。その子らしさがでている創造的なさつまいもの表現もたくさん見られるでしょう。〈お芋〉というモチーフをきっかけにして、一枚の絵を思い思いに表現することを楽しむ活動です。

大きなさつまいもを
みんなで
掘っている様子。

モチーフとなるさつまいもは、蔓
や葉っぱと一緒にたくさん用意し
ます。部屋の中央に置いて、みん
なで囲んでよく見えるようにする
とよいでしょう。

years

5

action
みる
かく

活動の
レシピ

素材・道具	事前準備
モチーフ （今回は さつまいも） 画用紙（B4） クレヨン	芋掘り行事の際に、絵を描くためのさつまいもを取っておく
	導入／展開 ①さつまいもを並べて観察する ②絵を描く
	配慮 モチーフのさつまいもは蔓や葉っぱも一緒に並べ、中央の見やすい所に置く

tool
クレヨン

いろいろなものを描く

モチーフを〈見て描く〉ことが楽しくなってくる頃です。
いつも自分の興味のおもむくままに、見て感じたことを
絵に描いて表現している子どもたち。その興味の先に気づき、
「自分の〇〇を描いた！」という達成感を大切にしたい活動です。

お部屋にある花を描く

　フラワーアレンジメントが趣味の保育者。
時々自分で作った花をお部屋に飾っていた
ところ、子どもたちが絵の具を出して絵を描
き始めました。じっくり観察したり、「きれい
〜」と声をあげたりしながら、すてきな絵が
たくさんできあがりました。自発的に描いて
楽しんでいる子たちを見ていたら、今まで絵
の具に興味をもたなかった子も、つられてちょ
ょっと試したくなりました。子どもたち自らき
れいだな、描きたいな、と心が動いたときに、
すぐ絵の具が手に取れるような環境がいい
ですね。

教室の隅に絵の具コーナーを作
り、描きたくなったときにすぐ取り
出して使えるようにしておくのも
おすすめです。パレットセット（P.8
参照）の使い方や溶いてある絵
の具をヨーグルト瓶に小分けに
して使うことなど、子どもたちが
自分でできるようにルールを決め
ておくと、混乱せずに使えます。

活動の
レシピ

素材・道具	事前準備
花 絵の具 画用紙（B4） など	お部屋の隅などにいつでも簡単に 手に取れる絵の具コーナーを作る **導入** 絵の具を使って絵を描きたい子はいつで も描いていいよ！　と伝える **配慮** モチーフをわざわざ用意するのではなく、 興味をもったものを描きたい子が描くよ うにする

家から園までの地図を描く

　登園スタイルは徒歩や自転車、バスなど、それぞれ違う子どもたち。そこで〈お家から園まで〉の〈地図〉を描いてもらい、登園時間に考えていることや、見えている風景をちょっと覗いてみます。「ここで○○君がバスに乗ってくるの」「大きな犬がワンワン吠える所」「いつも行くスーパー」。細かくお話を聞いてみると、こんなことを考えていたんだ！　と子どもたちの視点の世界に引き込まれます。

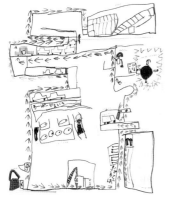

自分のルーティンが
決まっているみたいです。

①おれのおうち
②ガソリンスタンド
③コンビニ　④こうじげんば
⑤おうち　⑥おみせやさん
⑦じんじゃ　⑧おうち
⑨じてんしゃやさん
⑩こっちもぜんぶおうち
⑪おすしやさん
⑫ようちえん
⑬ガソリンスタンド
⑭やま　⑮はしとかわ
⑯こっちはおうち

活動の
レシピ

素材・道具	事前準備
水性ペン 色鉛筆 画用紙（B4） など	日本地図、世界地図などに興味があれば本やポスターなど教室に置いておく

導入
①みんなは園までどうやって来る？　この道を通って、このバスに乗って……お家から園までの地図を描こう！
②それぞれの経路を聞き、あいているスペースに書く

配慮
いわゆる正確な地図ではなく、そのそれぞれの表現が興味深く、おもしろい活動

自転車を描く

　担任の保育者が通勤に使う自転車に「色がかっこいい！」「ハンドルがまっすぐ！」と興味津々。この時期の子どもたちには補助輪が取れたり遠くまで乗れるようになったりと、身近な存在の自転車。特に仕組みや構造に興味をもち始めたら、描いて遊ぶのも楽しいでしょう。これは車輪同士をつなげるパイプ、真ん中にチェーンもあるね、などとみんなで観察します。ペンや鉛筆で細部を描いたら、途中で色鉛筆やコンテを出すと、自転車に乗って見た夕焼け、カゴにはかわいいペット……今度はファンタジーの世界が始まりました。

黒の油性ペン×コンテは
相性がよい素材。
ボールペン×色鉛筆の
コンビもおすすめです。

活動の
レシピ

素材・道具	事前準備
自転車 黒油性ペン （ボールペン） 鉛筆 色鉛筆 コンテ 画用紙（B4） など	本物の自転車を、絵を描く部屋に持ってきておく

導入
自転車ってどういう構造をしている？　みんなで自転車をよく観察する

配慮
実物を見て絵を描いて迫りながら、それぞれのモチーフに対するイメージも大切に。似ていることが目的ではなく、モチーフをきっかけに自分の表現を楽しむ

years
5

action
みる
かく

tool
絵の具
ペン

発表会の舞台装置（5歳児）

1年間の集大成として園で行われるお遊戯会や発表会。クラスで劇やお遊戯をするときに使われる背景や看板を全部自分たちで作ってみましょう。

年度の終わり頃に行われる発表会。これまでの成長を見てもらう大舞台です。

5歳児になると、劇をする際に何の役で、どんなふうに演じようか……と劇の内容に興味をもち、自分で考えることができます。そこで、演目や配役に対するイメージを共有し、「自分たちの発表会を見てもらおう」という自己意識を高めるため、背景の絵や看板をみんなで作る活動がおすすめです。

まずはどんな舞台がよいかアイデアを出し合いながらアイデアスケッチ。この話はどんなシーンが重要なのか、子どもたちなりに考えた背景の絵ができあがります。

その後、みんなの意見を集約し、代表で何人かに下描きをしてもらいます。ただし、5歳児にとっては模造紙大の大きさの絵を描くのは難しいもの。保育者と「これぐらいかな」とサイズ感覚を確認しながら一緒に描きましょう。

下描きができたらクラスみんなで分担して色塗りをします。子どもたちに身近で、使いやすいクレヨンや絵の具などがよいでしょう。

鶴の恩返し

アイデアスケッチからは、子どもたちの興味の矛先がうかがえます。今回は、物語の舞台となるお家、雪景色、最後に鶴が飛び立っていくシーンなどが多く見られました。子どもたちの印象にある〈鶴の恩返し〉の世界を表現するために、さまざまなアイデアを盛り込んで、1枚の絵を構成していきます。

うーん
考え中〜

「鶴さんが飛んでいるのはどう？」「林も描こう」「昔風のお家にしよう」どんどんアイデアが生まれてきました。

雪景色の中にお家がある絵というイメージをもとに、墨で下書きをしてクレヨンで色を塗りました。

恩返し！

発表会の舞台装置
（5歳児）

素材・道具	事前準備
〈アイデアスケッチ〉	劇に使う背景（舞台装置）の大きさを考
画用紙（B4）	えて土台となる紙を用意する
鉛筆	導入／展開
ペン	①劇の背景をアイデアスケッチする
〈舞台装置〉	②代表に選ばれた子が下描きする
白板ダンボール	③みんなで描いたり塗ったりして仕上げる
厚紙	配慮
模造紙	土台となる紙は、しっかりしたものを選
絵の具	ぶ。白板ダンボールや白ボール紙に直
墨	接描いてもよいし、模造紙などに描いて
クレヨンなど	板ダンボールやプラダンボールなどで支
	えてもよい

ジャックと豆の木

豆の木を登って空の国へ行くジャック、空の国の巨人、牧歌的な牛のいる情景などが子どもたちにとって印象深いようです。壮大な話なので、たくさんのアイデアを盛り込みました。

モー！

こちらは全場面を大きな絵2枚で表現。話の筋を理解できる5歳児は、どんな絵が必要かをちゃんと考えてアイデアを出し合います。

---

column

舞台装置の大きさ

1枚の絵のサイズは、高さは子どもが裏にちょうど隠れるほどの90〜130cmくらい、横幅は大きくても180cmくらい（ちょうどベニヤ板1枚のサイズくらいが目安）です。それを空間の大きさに合わせて2〜3枚並べます。この大きさなら、前で子どもたちが演じても威圧感のない空間が作れます。

舞台装置の立て方

描いた紙を背景として並べる際には、ベニヤ板やプラダンボールなどに貼りつけるか、もしくは白板ダンボールに直接描くのもよいでしょう。

描いた絵を自立させるには、人形立てと呼ばれる、パネルや切り出しを立てる直角三角形の道具を使う方法や舞台装置の絵に長い棒を貼りつけ、運動会の等用旗立台にさす方法があります。少し大きめの会場なら、ワイヤーやピアノ線を絵にしっかりつけて上から吊るす方法もあります。

years
5

action
みんなで
つくる

tool
クレヨン
絵の具

発表会の看板

自分たちが演じる役柄をイメージしたものを、
色画用紙、ホチキス、はさみを使って作ります。
みんなが作った役柄の人形を持ち寄って貼ると、
発表会にぴったりな看板ができあがります。

　できあいの看板より、子どもたちの作った
看板のほうが舞台にかける子どもたちの意
気込みもより伝わります。5歳児になるとイメ
ージの共有ができるようになるので、「自分
たちの発表会の看板」というと張り切ります。
　作るのは、自分が演じる役柄の人形です。
何週間も練習してきているので、自分が演じ
る役柄についてはもう十分理解しています。
かっこいい帽子や靴、かわいいお姫様、悪い
怪獣、剣をさしていたり、毒リンゴを持って
いたり……細部にこだわって〈自分だけの理
想の登場人物〉を作り上げます。
　はさみとホチキスだけで、こんなことまで！
と感動するような小さな人形を看板いっぱ
いに貼りつけると、見るだけでわくわくするよ
うな発表会の看板のできあがりです。

「どんな衣装で、どんな
ものを持っているんだっ
け？」と、考えながら作
っていきます。

**活動の
レシピ**

素材・道具	事前準備
色画用紙（B4） 模造紙 クレヨン ペン はさみ ホチキス のり	作ったものを飾る立て看板を用 意し、真ん中に「○○発表会」 などタイトルを書いておく **導入／展開** ①発表会でのそれぞれの役柄の イメージや衣装を聞く ②紙で作ってみる ③できあがったら看板に貼る **配慮** 立て看板には白い紙などを貼り、 子どもたちが作った人形が見や すいようにする

第一回
せいハつじ
よ!
しろ
はつ　
ぴ　
のリ
り
っ
が
い

発表会の看板

海賊船に乗っているなかまたち

ピザ屋さん

ウェンディ

ピーターパン

ティンカーベル

海賊の子ども

海賊のお父さん

チクタクワニ

フック船長

カッパ

ウシ

モンキー

長い如意棒を
持った孫悟空

わたしは
タイガー
リリィ

長いスカートで見えないのに、
なんと中には足がちゃんとあり
ました！ ファンタジーの
世界で、紙で小さな住人を作
りながらも、自分なりのリアリ
ティーを追求しています。

column

役柄のイメージを形にするために

子どもたちは、劇の練習を重ねているうちに、自
分の役柄のキャラクターや衣装などのイメージを
しっかりともつようになります。あとは具体的に素材
と道具で表現する手だてを提供しましょう。例えば、
大きさの目安や道具の使い方の紹介として、導入で
いくつか作ってみせたり、それらが作りやすい紙のサイ
ズ（大中小いろいろ）をたくさん用意したりしましょ
う。「どんな役？」と一人ひとりに聞いてあげるのも、
意識が高まります。自分の役柄を作ることが子ども
たちにとって創造的な遊びになること、そしてそれが
看板になり「発表会をみんなでがんばろう」という
意識を共有することが一番重要です。自意識が育つ
大きな行事の中でも、造形的な〈遊び〉をプラスする
と相互に意味のある活動になります。

years
5

action
かく
つくる
みんなで
つくる

tool
はさみ
ホチキス

141

大きな家を作る

夢の実現、ダンボールを用いたスケールの大きな共同制作に挑戦！

お城

準備の日

作品展での展示を目的に、〈大きな共同制作〉を毎年恒例としている園も少なくないでしょう。5歳児も2学期後半ともなると、協力し合ってひとつのものを作ることができるようになってきます。まずはみんなで何を作りたいか、意見を出し合ってみましょう。

これから紹介する活動の場合は、一人の子の提案から話し合いが一気にまとまり、〈みんなが住める大きな家〉を作ろうということになりました。作るものが決まったら、早速アイデアスケッチ。どんなお家にしたいか、みんなのアイデアを持ち寄ります。

家

真剣に考え中

学校

活動のレシピ

素材・道具	事前準備
〈アイデアスケッチ〉 画用紙（B6） 色鉛筆 〈家作り〉 板ダンボール （ベニヤ板程度の大きさ） 箱ダンボール 廃材いろいろ ダンボールカッター ガムテープ 木工用接着剤 はさみ クレヨン 水のり ホチキス	アイデアスケッチの内容を見て、ダンボールなどの素材を準備する。特に、冷蔵庫が入っていたような大きな箱を準備したり、板ダンボールでベースとなる形を組み立てたりすることができると、作り始めるよいきっかけになる。ダンボールカッターを人数分作っておく（P.143参照） 導入／展開 【準備の日】 話し合ってテーマを決めたらアイデアスケッチをする 【1日目】 ①素材や道具の紹介ときっかけ作りからのスタート ②「また続きをやろう」と説明して、片づけをしっかりする 配慮 アイデアスケッチと本制作の内容は必ずしも一致しなくてよい。〈みんなで家を作るぞ!〉という気持ちさえ共有できれば、子どもは作りながら考える

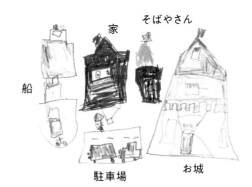

そばやさん

家

船

駐車場

お城

さる

きのこの家

大きな家を
作る

1日目

　最初に大きくて頑丈な箱を、大人が組み立てて準備をします。これは、みんなが入れて、長く遊べるようにという今回の活動に向けての配慮です。今回は、アイデアスケッチですてきなドアの絵を描いた子に、ダンボールに大きくドアの形を描いてもらい、保育者がそれに沿ってカッターで切り、入り口を作りました。それだけで、少し家の感じが出てきました。いよいよ、楽しみにしていた活動のスタートです。

　何を作るかによって準備する素材やダンボールの大きさも異なりますが、大きなものを作る場合、何もないところから作り始めるのは、なかなか難しいものです。今回のように、子どもたちが入れる大きさに箱を組み立てておいたり、最初にドアを一緒に作ったりする、といったようなきっかけを与えることで、子どもたちはイメージを共有しやすくなり、楽しく活動に取り組めます。

　あとは、できるだけ子どもが自由に作っていけるようにしたいので、これ以降配慮すべきことは必要に応じて素材と道具を準備することです。保育者の役割は、危険の防止と、子どもが「こうしたい」と思ったことの実現の手助けになります。

屋根を
つけなくっ
ちゃ

次々合体していきます。

チョークで大きなドアを描いています。

いきなり二階がつきました。

中も外も、
あっちもこっちも
大忙し。

column

手作りダンボールカッターのすすめ

　　A

子どもにとって使いやすく、簡単で安上がりの道具です。作り方は、金ノコを2つに折り、その折り目から手で持つ範囲をビニールテープで巻くだけです。ノコ刃が細かいので手を切る心配もありません。ぐにゃりと折れ曲がらないように、刃の先端（A）を持ってダンボールにぐさっと刺し、その後テープを巻いた部分を持って、ギコギコ前後に動かします。コツをつかむと、子どもでも自由に形を切ることができます。

years
5

action
みんなで
つくる
かく
きる

tool
ダンボール
ダンボール
カッター

ここに、穴を
開けてから……

オーブンにしたいのだけど、
次はどうしようかなぁ

「ぼくは配線しているんだ」と、紐
を張り巡らせています。

２日目以降

作り始めて以来、子どもたちの気持ちは高まって、「階段をつけないと二階に行けないから大変だ」「ご飯が食べられるように台所を作りたいの」と、大きな家のことで頭がいっぱい。自分の家から、使えそうな廃材をせっせと運んできます。

保育者は、子どもたちの思いがたくさん実現できるように、裏方としてサポートしていきましょう。大きな構造ができてきたら、用意する素材のサイズを少し小さくしておくのも、こだわって作り込むのに有効です。空き箱やカップなどのいろいろな種類の廃材をたくさん準備しておくと、子どもが自分で選んで工夫して使います。「これをこうしてみたらどうだろう？」「これ、おもしろい形だから、何かに使えないかな？」と、子どもは素材を前に自問自答します。友だちと一緒に作っていますから、よいアイデアはみんなに賞賛され、仲間が集います。友だちのお手伝いを喜んでやる子もいれば、黙々と一人でこだわって作ることを好む子もいます。

大事なのは、子どもの意思ややり方を尊重して、作っていく過程を保育者も共に楽しむことです。保育者が張り切りすぎると〈子どもは言われたことをするだけ〉になってしまいがちなので気をつけましょう。

スケールの大きな、充実した共同制作の体験は、「わたしたちは、こんなにすごいことができた！」「ここはボクが考えてやったんだよ！」と、子どもに大きな喜びや自信をもたらします。

秘密の
出口

こちらでは、ドアに表札をつけています。

活動の
レシピ

素材・道具	事前準備
廃材（空き箱・ラップの芯・トレイ・カップ類・紐など）各自の道具は自由に使う（はさみ・のり・クレヨン・ホチキスなど）ガムテープ、ビニールテープ・木工用接着剤、ダンボールカッター、クリヤラッカーなど	廃材は、前回の活動よりも小振りなサイズの素材をたくさん準備する 導入／展開 ①新しい素材があったら紹介 ②前回の続きをする 配慮 作っているものとゴミや材料が混ざらないように、時々片づけをうながす。必要に応じてガムテープで補強する。クレヨンを塗ったままだと服につくので、あとからクリヤラッカーをかける

家から出かけ
られるように、
クルマを
作ったよ

小さなこだわりが満載のみんなの家。な
んだかオーラを放っています。みんなの
思いが詰まった夢のお家の完成です。

━━━━━ column3 ━━━━━

5歳児の世界①

5歳児の共同制作について

5歳児の共同制作〈ダンボールの大きな家〉（写真上）を作る過程では、保育者は最初に丈夫で大きな箱を組み立てて、道具の使い方を伝えた以外は、いっさい指示も手出しもしていません。素材の準備や、できないことの手助けといった裏方以外は、ひたすら子どもが作りながら一生懸命説明するのを、「うん、うん」と言って聞く役回りです。ここに「窓を作りなさい」とか「穴を開けよう」とか言うこともなければ、「色を塗りましょう」の一言もありません。子どもは、大人が思っている以上に自分で物事を考えますし、必要があれば自ら行動します。

この〈大きな家〉のときは、クラスが仲良くまとまりもあったのでこのような完成に至りましたが、自然に小さなグループに分かれて作る場合もありますし、途中からごっこ遊びになって、作ることよりそっちに夢中になることもあります。それもまた、その年のクラスの個性ですから、愉快で楽しいものです。

何にしても、少し前まであんなに幼かった子どもが、仲間の中でこれほど自分を生き生きと発揮して描き作るようになった姿に、周りの大人は驚かずにはいられません。作っている最中は、職員室の先生をはじめ、給食場の調理員さんもパートの先生も、みんな気にしてのぞきに来ました。中でもじーっと熱い視線を送っているのは、来年5歳児になるひとつ年下の子どもたちでした。

子どもたちの絵や作ったものを大切にするには
―展示方法や保管方法―

子どもたちが日々描いた絵や作った工作をどのように飾ったり、持って帰ったりしたらよいか、またはその様子をどのように伝えるか、さまざまなアイデアを提案します。

B3画用紙の場合、A4コピー用紙を1/8にカットすると、約3cm×20cm程度でバランスのよい名札になります。

絵を飾るということ

保育の中で描いた絵は、できるだけすぐに見えるところに飾っておくと、子ども同士はもちろん、先生も一人ひとりの個性に気づくきっかけになります。展覧会等の行事があってもなくても、日々保育の中で簡単に展示ができるスペースがあると、保護者に子どもたちが説明したり、保護者の子どもの絵に対する理解が深まったりと、お迎えの際の楽しみのひとつにもなるかもしれません。

壁面をギャラリーに

保育室の壁面は、季節の飾りを保育者が大変な思いをして作るよりも、子どもの日々の遊びの中での絵や作ったものを飾る〈ギャラリー〉にするのがおすすめです。教室の一角に自由に描いたり作ったりできる〈造形コーナー〉があれば、思い思いに作り、飾ってもらうことが喜びになります。友だちの作ったものを鑑賞したり、おうちからも絵やお手紙をたくさん持ってきたりと、先生や仲間とやりとりが生まれるとても楽しい空間ができあがります。

展覧会について

最近では「作品展」と呼ばずに、「造形展」や「生活展」「遊び展」「〇〇人展」(人数)などさまざまな工夫を凝らした呼び名を聞きます。それはおそらく〈作品だけ〉を展示したいのではないという思いも含まれているからでしょう。

大人はどうしても〈結果〉が気になって、子どもの表現に対しても、知らず知らずのうちに〈立派な作品〉を求めてしまいがちです。しかし幼児の造形では、体験の過程で自分なりに感じたり考えたりすること自体が大切だと考えます。作品展のために、子どもの気持ちや意思をないがしろにして、大人が気に入る作品を作らせるのは、本末転倒です。日頃の活動から、一人ひとりの個性や挑戦の過程を大事にして、子ども全員が主役となるような展覧会を作っていきたいですね。

展示方法 名前のつけ方

展示する絵には、日付と名前、個々のタイトルを書いたものを、絵の邪魔にならない大きさで貼りつけると見やすくなります。タイトルは活動名ではなく、描いたときに聞いたお話や言葉をメモしたものをそのまま書くと、どんなふうに遊び、何を表現したいのかがより伝わります。

また、工作や焼き物などの小さい立体作品に名前をつける際には、丸シールに書くのがおすすめです。直径2cm程度の丸シールであれば作品の邪魔にならず、取れてなくなることもありません。普段からたくさんストックしておくと、いざ名前をつけるときに便利です。

展示方法 絵の選び方

1年を通して子どもたちが描いた絵、そのすべてを飾ることができないときは、中でもその子らしいものや一番思い入れがあるものを選び、全体がバランスよく見えるように展示しましょう。子どもの絵は〈立派に見える〉〈上手、下手〉を伝えるものではなく、その子自身が大いに遊び、表現を楽しんだものです。それが保護者にも伝わるよう、日々の活動の様子もあわせて紹介できたらよいでしょう。

×ずれ落ち
やすい

よこ使い　　たて使い

大きな模造紙などを直接壁に貼る展示方法の場合は、事前に壁面にテープの跡が残らないか確認しましょう。また、テープ類を貼るときに、粘着面を表にして丸めた状態で使うことがよくありますが、〈よこ使い〉で貼ると重さでずれ落ちてしまうことがあります。〈たて使い〉にして途中で剥がれないようにしましょう。

活動の様子がわかるドキュメンテーション

保育の中での造形活動は、突然始まったり、それまでの経緯があったりと〈子どもたち発信〉の出来事がたくさんあります。結果的にできあがった作品やゴールだけが重要ではないので、そこに至るまでにどのように考え工夫し、表現していったのか、その様子がわかるような記録があるとよいでしょう。簡単なボードなどに写真を貼るだけでも、〈ドキュメンテーション〉として見た人たちに伝わります。

展覧会などがない場合でも、日常的に活動の様子を掲示したり、クラスだよりのようなものに記録したりするのもひとつの方法です。子どもたち自身も見て読んで「こんなことあったよね」と振り返るきっかけになります。

継続して大きな作品を作ること・飾ること

P142の〈大きな家を作る〉のように、作っている最中から展示されているような場合もあります。展覧会のあるなしにかかわらず、子どもたちは日々描いたり作ったりしたものを見ています。特に5歳児が大きなものを作っている様子は、3歳児、4歳児にとっては「自分たちもいつかは作りたい!」と憧れながら見ています。

制作中は教室の場所を占拠して生活しづらいこともありますが、その窮屈さも楽しく共有して、みんなで作りあげる遊びに挑戦してください。そして大型作品を展覧会で展示する場合は、広い場所に設置するとよいでしょう。当日見にきた保護者や子どもたちが触ったり、中に入って遊んだりできる楽しい空間になります。

記念の焼き物を作る

もうすぐ卒園式。毎日通った園舎や、大好きな友だちや先生ともお別れです。
一生の思い出に残るように、記念になるものを心を込めて作ります。

子どもたちはまだ〈お別れ〉の本当の意味は理解していないかもしれません。しかし心を込めて作ろうという気持ちは伝わります。これで最後だからと、一生懸命、丁寧に作ります。そんな卒園記念の制作に選んだのは、土粘土で作る焼き物。釉薬をかけて焼けば、本当に使えるコップやお皿になります。子どもたちが成長しても残るものとしておすすめの活動です。

また、子どもたちから園へのプレゼントになる、焼き物でレリーフを作る活動も紹介します。この保育園は園舎がレンガでできているので、子どもたちの作ったレリーフを壁に貼ることができます。毎年、園舎の壁が卒園児の作った焼き物で飾られていきます。大人になっても、園の前を通る度に、楽しかったことを思い出してくれることでしょう。子どもたちの笑顔がたくさん刻まれた園舎をみんなで大切にしよう、という願いも込めて、ずっと残るような卒園記念の制作です。

器を作る

作り方を教えると、みんなまるで職人さんのよう！　大きいお皿、長くして鉛筆立て、取っ手をつけてコップ、形にこだわった花瓶などなど、アレンジいっぱい。

これで
ご飯を
食べるんだ

左は釉薬を塗ったもの。焼くと鮮やかな色に変身します。

column

焼き物の手順

焼き物は、土粘土で形を作り、専用の窯で焼いて完成します。まず手びねり用の粘土を用意します。一人あたり1〜2kgくらいがよいでしょう。以下は基本的な作り方です。

① 器の形を作る

まず粘土でこぶし大の大きさのお団子を作り、厚さ1cmくらいに手のひらでつぶします。これを底にして、長い紐状にした粘土を渦巻きのように重ねるか、または輪を作り積み重ねます。表面は滑らかにしてもでこぼこのままでもお好みで。形ができたら割り箸などを使って彫ったり押しつけたりして模様をつけてもよいでしょう。
↓

② 作品を乾かす

思い思いに形を作り上げたら、日光が直接当たらない涼しい所で、2週間くらい乾かします。
↓

③ 素焼きをする

形ができたら、一度大きな窯で焼きます。これを素焼きといいます。だいたい600〜800度で焼きます。
↓

④ 釉薬をかける

釉薬は熱すると溶けてガラスのようになります。私たちの身近にある焼き物にはだいたい釉薬がかけてあります。色もさまざまな種類があります。色をつける際は筆などを使い、よくかき混ぜてから、たっぷり釉薬をつけてトントンと押すように塗っていきます。
↓

⑤ 本焼きする

最後に17時間ほどかけて1250度で焼きます。これを本焼きといいます。その後ゆっくり冷やすのに2〜3日間ほどかかります。十分冷ましてから窯から出して、完成です。

窯の手配

保育園や幼稚園で陶芸用の窯を持っているところは多くはありませんが、持っている園もあります。園同士のネットワークを駆使して、協力し合うのが一番よいでしょう。それ以外の方法としては、公民館・美術館などの公共施設、あるいはインターネットで近くの陶芸教室や粘土販売の業者に問い合わせる方法があります。

活動の
レシピ

素材・道具	事前準備
手びねり用白土 （焼くと白くなる） 釉薬 下絵の具 （P.150参照） 筆	粘土を1人分（約1kg）に小分けにしておく

導入／展開
器の作り方を紹介し、コップ、お皿など簡単に作ってみせる

配慮
土粘土は作りやすいように柔らかいものを用意する

years
5

action
かく
つくる
ふれる

tool
土粘土

レリーフを作る

レリーフとは、浮き彫りされた平面の壁掛けのことです。壁につけるので裏面は平らにし、表面はいろいろくっつけたり彫ったり、立体的に作っていきます。

アイデアスケッチをもとに、粘土に形を描いてくりぬきました。くりぬく際には竹串を使い、輪郭を強くなぞります。子どもにはやや難しいので、保育者が手伝ってあげましょう。そしてできあがった形に思い思いに絵を描いたり新たに粘土をくっつけたりと装飾していきます。

1

アイデアスケッチ

テーマを決めても、自由に作ってもよいでしょう。その子たちらしさを大切にします。この年は、魚好きな子が多かったので、テーマを〈水の中の生き物〉にしました。魚はもちろん、亀やカニ、サイもいます！

2

成形と色付け

アイデアが決まったら、粘土で作っていきます。できたものを素焼きしたら下絵の具で色付けをしていきます。下絵の具は焼き物の絵付け用の絵の具です。色をつけたものを本焼きしたら、できあがりです。

〈粘土の分け方〉

① 粘土の塊を凧糸やピアノ線などの紐で切り分けます。

② 一人分に分け、コピー用紙などの薄い紙に置きます（紙が厚いと濡れて反る）。

③ 粘土が分厚い場合は麺棒などでのばし、表面を平らにします。

④ 粘土の板のできあがり！ここに思い思いに描き作っていきます。

レリーフは細かい絵をもとにしているので、釉薬ではなく下絵の具を使います。

下絵の具をつけ、釉薬をかけて焼くと、ガラスに覆われたように、美しく丈夫に仕上がります。

3
完成！
壁につけました

市販の接着剤（強力なもの）で貼りつけ、さらに周りを目地で留めると頑丈で取れにくくなります。

years
5

action
かく
つくる
ふれる

tool
土粘土

活動の
レシピ

素材・道具	事前準備
〈アイデアスケッチ〉	作りやすいように粘土を板状にし
画用紙（B4）	ておく（左写真）
ペン	導入／展開
〈レリーフ〉	①アイデアスケッチ
手びねり用白土	②作り方を説明する
釉薬	配慮
下絵の具	土粘土は作りやすいように柔ら
割り箸	かいものを用意する
竹串	
コピー用紙	

5歳児の世界②

アゲハ蝶と子どもたちの物語 ～日々の営みと造形活動～

子どもたちからあがる声や思いを大事にする保育をしていくと、
〈プロジェクト型保育〉なんて力まなくとも、日々の出来事がクラスの物語を紡ぎます。
楽しく創造的に行うコツを「子どもの作るヘンテコ大好き！」な安藤先生に聞いてみましょう。

1. アゲハ蝶が卵を生んだ！

　ある日のこと、教室前のテラスのみかんの苗木にアゲハ蝶がやって来て、あちこち飛び回っては時々葉の上にとまります。じーっと見ていた一人の子が何かに気がつき、担任の安藤先生のところに駆け寄って、「アゲハ蝶から何か出た！」と興奮気味。近くの子たちと見にいくと、アゲハ蝶はまだ木の周りを飛んでいて、みかんの葉の裏には小さな白くて丸い卵があちこちついています。これは大ニュース！　すぐにクラスのみんなに知らせなくちゃ！　ということで、その日からみんなの観察が始まりました。

> ほんとにたまたまなんですよ。たまたま見つけた子どもがいて、タイミングよくその場面をみんなで見ることができて、初めて見たから感動したんですよね。それから虫眼鏡や図鑑を使った観察がクラスのブームになりました。

安藤先生

> みかんの葉っぱもらってきたよ！

column

プロジェクト型保育について

　イタリアのレッジョエミリアという小さな地方都市で取り組まれているアートを軸にした教育方法（プロジェクトアプローチ）は、ひとつの問いに対して物・身体・空間・音・映像など用いた複合的な体験を通し思索することを特色とする教育プログラムです。『子どもたちの100の言葉』（ローリス・マラグッツィ）に象徴されるように、子どもは元来豊かな思考力や創造性をもっているという考えのもと、大人が用意したひとつの答えに子どもを導くのではなく、子どもたちが自由に考えを巡らすことに重きがおかれているのがその特徴です。日本でもこうした考え方が注目され、さまざまなプロジェクト的な保育が実践されています。

2. 青虫たち、すくすく育つ

卵が無事に孵り、むしゃむしゃとみかんの葉をよく食べて、きれいな青虫に育っていきます。このままじゃ葉っぱが足りないと、おうちの方の協力も得て、葉っぱ集め。すくすく育つ青虫を見るたびに、いつ蝶になるんだろうとみんな待ちきれない様子。蝶になったところを想像して絵に描く遊びも始まって、用意したボードは蝶の絵ですぐにいっぱいになりました。

> ちょうちょになって遊びにいくよ!

3. カラスへの挑戦状 ～謎のかかし作り～

ところがある朝、登園してみてびっくり。青虫がほとんどいなくなっていて、代わりに葉についていたのはたくさんの白い鳥のふん。「やられた! あのカラスたちだ!」近くでからかうようにこちらを見ているカラスに怒った子どもは、〈カラスへの挑戦状〉の張り紙をし、これ以上やられないようにと謎のかかし作りが始まりました。

> あれはショックでした。でも、子どもたちが自分たちで対策に動き始めたんです。自分がかかしになるって言って袋を頭からかぶる子や、CDが効くというのを知った子が紙で目玉のようなものをたくさん作ったりしていました。私は求められたら素材を出したぐらいです。保護用のネットは、100円ショップに買いに行きました。

安藤先生

> ぼくがかかしになっておどかしてやるんだ

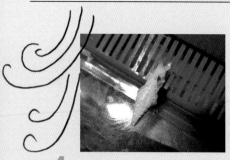

4. 次の試練は台風

　カラスの被害を食い止めて、いよいよ蝶の誕生かという頃、週末に台風がやって来る気配。みかんの木を教室に入れて、今度は準備万端、安心です。月曜日、楽しみに登園すると、何ということか、さなぎがいなくなっているではありませんか。悲しんでいたそのとき、「ここにいる、棚の後ろ、蝶になってる！」。蝶はまだうまく羽を広げることができずにじっとしていて、その姿に子どもたちは釘づけです。半日かけてようやく羽ばたいてアゲハ蝶が飛んでいったとき、クラスは感動に包まれました。

5. アゲハ蝶やりたい！

　年が明けた3学期、そろそろ発表会の演目を決めなければということで、安藤先生がクラスで話し合いの場を作りました。そこで真っ先に出たのが「アゲハ蝶やりたい！」という女の子の一言。「わたしはかわいい青虫」「いいね！」みんなにとってはどんなお話より、一連の出来事が勝っていました。やんちゃな男の子たちはカラス軍団役に張り切り、かかし役がいるかと思えば、なんと台風をやりたいという男の子も。

　そうとなったら、絵に描いて「こんなのはどう？」「わたしは布でこんな羽を作りたい」「みかんの木もいるね」アイデアが止まりません。子どもたちは以前描いた蝶の絵を切りとって小さな人形劇を作り始めたり、覚えたてのひらがなでシナリオを書いたり、振りつけを考えたりしながらアゲハ蝶の劇づくりに夢中になりました。

> やったー！
> カラスが罠にかかったー！

> 劇にすると聞いたときは驚きました。初めはどうなるかと思ったけれど、みんなの中に共通のイメージがあったので、多少脱線しても戻ってこられる自信があり、「やってみよう！おもしろそう！」と私も一緒に思えたんです。〈カラスを捕まえる罠〉とか、劇で使わないものもたくさん生まれたけれど、そういう遊びが大事だなと思いました。創作過程にいろんなすてきなドラマがあって、今思い出しても涙が出てきます。子どもってすごいなって。

安藤先生

column

ドキュメンテーションで保護者と共有

子どもたちは、家に帰ってからも幼稚園で起こったアゲハ蝶をめぐる心躍る出来事について一生懸命伝えたようで、保護者の方も興味津々。

こうした関心は、子どもにとっても保育者にとってもうれしいものです。クラスで何が起こっているかを楽しく共有し、応援してもらいたいと考え、クラスだよりで紹介したり、ドキュメンテーションを壁新聞のような形で掲示するなどしました。ワクワクドキドキしながらチャレンジする子どもを、大人があたたかく見守るための大事な取り組みです。

5歳児の協同的な造形世界とさりげない支援

乳児のページの最初に造形表現教育の基本は、〈モノを介したゆるやかな対話〉と述べましたが、安藤先生の子どもの思いを否定的に捉えずゆるやかに愉快に受け止める対応は、まさにそうした関わり方でした。あまり目立たないけれど、子どものふるまいや思いに敏感に、必要な素材や道具を提供したり、話し合いの場を設けたり、アイデアスケッチで思索をうながしたり、脱線を厭わずに子どもたちが試したり探求したりする場や時間を確保していることに注目してみてください。こうしたさりげない配慮のことを、保育の世界では〈環境の再構成〉といいますが、目の前の子どもを尊重して受け止め、つき合っているからこそ可能となる保育者の創造的な営みといえます。明日もわくわく、何が起こるかわからない子どもたちの遊び作る世界を共に楽しみましょう。

ぼくのカラス、くちばし大きいんだけどね

■ 活動ごとのaction一覧

本書では活動で実際に行う動作を右の8つのactionに分類しています。学年があがると、
一度に複数のactionを行う活動が増えます。活動ページではメインとなるactionを記載しています。

- ●ふれる　素材に触れて、まみれて遊ぶこと。粘土や新聞紙など。
- ●かく　描く道具を使って、紙を中心とした素材に描くこと。
- ●きる　はさみを使って、紙などを切ること。手でちぎる場合もある。
- ●はる　のりを使って貼り合わせたり、
　　シールやテープを素材に貼ったりすること。
- ●つなぐ　ホチキスを使って素材をつなぎ合わせること。
- ●みる　モチーフなど、ものを見て描くこと。
- ●つくる　切ったり貼ったりといった複雑した動作および、
　　組み合わせたり組み立てたりすること。
- ●みんなでつくる　友だちと合体させたり共同で作ったりすること。

ページ	学年	番号	タイトル	action							
				ふれる	かく	きる	はる	つなぐ	みる	つくる	みんなでつくる
22	0・1・2歳児		外遊び								
24			室内遊び								
32	3歳児	3-1	クレヨンと出会う								
34		3-2	新聞紙で遊ぶ								
36		3-3	土粘土で遊ぶ								
38		3-4	はさみと出会う								
40		3-5	絵の具と出会う								
42		3-6	のりと出会う								
44		3-7	ダンボールで遊ぶ								
46		3-8	丸シールとクレヨン								
48		3-9	トレイで船を作る								
50		3-10	3歳児の簡単工作　スティックコマ／双眼鏡／ひらひらスティック／Tシャツ								
52		3-11	小さな紙に描く								
54		3-12	大きな紙に描く								
56		3-13	形を楽しむ　○△□の紙／お家の形の紙／アイスのスプーン								
58		3-14	クレヨンと絵の具で描く								
60		3-15	濃い絵の具								
62		3-16	切ったり、貼ったり、描いたり								
70	4歳児	4-1	ホチキスとの出会い　紙をつないでみよう／ホチキスでバッグ／ホチキスで帽子								
74		4-2	スタンプ								
76		4-3	切ってつなぐ								
78		4-4	スクラッチ／デカルコマニー								
80		4-5	丸シールとビニールテープ								
82		4-6	おさんぽカー								
84		4-7	4歳児の挑戦工作　さかなつり／変身めがね／パラシュート／絵本を作る								
86		4-8	2枚の紙で構成								
88		4-9	自然のもので遊ぶ								
90		4-10	異素材構成								
92		4-11	発表会の舞台装置（4歳児）								
94		4-12	廃材工作								
96		4-13	色や形をきっかけに　染め紙／お家を作る／窓が開いたら？								
98		4-14	モチーフを描く								
106	5歳児	5-1	みんなでこいのぼりを作る								
110		5-2	紙で立体を作る								
112		5-3	パレットで色作り								
114		5-4	英字新聞で構成								
116		5-5	Tシャツを作る								
118		5-6	手作りカメラでスケッチ								
122		5-7	あじさいを描く								
124		5-8	貝殻を描く								
126		5-9	いろいろな素材で描く　コンテ／墨								
128		5-10	5歳児のこだわり工作　腕時計／パタパタ鳥／かざぐるま／ロープウェイ								
130		5-11	動く車を作る								
132		5-12	動物を作る								
134		5-13	お芋を描く								
136		5-14	いろいろなものを描く　お部屋にある花を描く／家から園までの地図を描く／自転車を描く								
138		5-15	発表会の舞台装置（5歳児）								
140		5-16	発表会の看板								
142		5-17	大きな家を作る								
148		5-18	記念の焼き物を作る								
152			アゲハ蝶と子どもたちの物語								

■ 素材・道具別さくいん

あとがき

　このページの下地になっているWeb（蜘蛛の巣状の図）は、〈アゲハ蝶と子どもたちの物語（P.152）〉から広がった、子どもたちが作り遊ぶ様子を記したものです。次々わきあがる子どもたちのユニークな発想や多様な取り組みぶりを感じていただけるのではないでしょうか。

　かつての日本の美術教育は、大人が最初に完成形を示し、それを見本に一工程ずつ、まずこうやって→次にこうやって→次はこうで→それからこうして→最後にこう仕上げをして→完成、という一直線のベルトコンベア式の活動が多く、そこからはみ出すと駄目出しされたり、直されたりするという面が少なからずありました。高度成長期の、はっきりとした目標に向かって皆でまっすぐ進む時代の教育の名残です。

　今日の時代になって、決まったことを再現することの多くは機械で可能となり、合理的な演算はAIが人の能力を超えるようになりました。そうした中、人間にしかできないことが〈新たな価値を創造すること〉であり、そうした面から教育のみならず、あらゆる分野においてアート的な思考が注目されるようになりました。

　私たちは、アートの原型を子どもたちがモノに触れて遊び、描いたりつくったりしていく姿の中に見いだしてきました。それは、自分の感覚や想像力を使って物事を感じたり考えたりしながら新たな可能性を生み出していく、人間が本来もっている逸脱性を含んだ野生の思考、創造の方法です。本書が、幼児の造形に対する理解を深めることや、子どもに関わる方々の一助になることを願います。

　日本文教出版の樋野行平さんには、私たちの発見と保育の現場での模索の過程をこのような形で改めてまとめる機会をいただき感謝しております。編集の宗像真理子さん、デザイナーの金田一亜弥さん、髙畠なつみさんには、我々の思いを根気よく酌んで形にしてもらうのに尽力していただきました。素晴らしいチームに感謝します。

　そして最後になりますが、長年にわたって出会いと別れを重ねながら一緒に絵を描いたりモノを作ったりして過ごした子どもたちのおかげで私たちは多くを学び、この本を作ることができました。ご協力いただいた園の皆様とすてきな子どもたちに、心より感謝いたします。

令和3年3月　鮫島良一　馬場千晶

クラスのみんな

お客さんは

りんはんをつくろう

ダンボールや、坂のふもと すぐに劇場ごっこが始まる?

おへや、テラス、中庭、どこでも遊ぶ 劇場ごっこ

4月 みかんの木に白い花がさいて

ぬいぐるみを使って 出したり、かくしたりを 楽しんでいる

作った物に割りばしをつけて げきじょうごっこ

星の形をしている

調べ

上の教室にもネットをつけよう

毎日へんなおばけや かかしを花だんにおいてみよう

図鑑で調べてみよう

どれくらいで大きくなるのかな 調べてみよう

少しずつ黒い幼虫が きみどり色になっているのに気付く

どうやってつけるか悩んでいる 7さんとか いろいろ

おばけかかし

虫めがねで見てみよう

数日たつと かわいい幼虫がうまれた

大きくなってきれいな きみどり色になって

目玉かかし

バケツかかし

あげはが! 卵をうんだ!

まいにち見ている

キラキラかかし

なぞのかかし作り

みんなの華をモリモリ食べて 華がなくなった

おばけかかし ...死んじゃうかも

かかしでにげないか心配

かかしをつくろう

テラスに見はるための大きな家作り

いつの間にか 見守後のおへやに 女の子が飛ら告領

保護者の 二近くが 華をもって

たいへん! あお虫がいない!

とんとん育って大きくなった

にっきり発見

ぼくかかしに なって見守っている

みんなでいっしょに作ってみよう

ヤモリを見つけた

図鑑で調べよう

カラスをやっつけたい

はっぱに鳥のフンが ついている

バッタを見つけた

バッタはきゅうり、野菜、テラスを 食べる

いつも中庭にいるからすかも...

おへやに来た人は みんなお客さんに!

感動 に残

しかけ作りをました

からすなんかに しかけたくさんに越す

悲しい 女の子

お客さんをみる

TBCラジオでごっこ

しかけ作ろう

からす軍団の からすの口ばしー とっても へんで 面白い

いいほうあお虫 おしゃべりあお虫 さお虫 あお虫

踊ったり、セリフを言ったり 面白がっている

■ 著者プロフィール

鮫島良一

東海大学教養学部芸術学科卒。彫刻家。縁あって
大学時代に幼稚園や保育園で子どもの造形に出会
って以来、子どもの世界をフィールドに、子どもと遊
び、子どもから学び、それを研究している。
鶴見大学短期大学部保育科准教授・附属三松幼
稚園園長。

馬場千晶

武蔵野美術大学造形学部油絵学科卒。銅版画家。
デザイナー、高校の美術教員を経て幼児の造形教
室スタッフとなり、以来銅版画の制作を行いながら
精力的に子どもの造形に関わっている。
道灌山学園保育福祉専門学校専任講師、白梅学
園大学・鶴見大学短期大学部・和洋女子大学非
常勤講師、大森みのり幼稚園・中野区立大和東保
育園造形講師。

■ 撮影協力

宗教法人 昇覚寺 仲町保育園
社会福祉法人信正会 北千住もみじの森保育園
学校法人みのり学園 大森みのり幼稚園
鶴見大学短期大学部附属 三松幼稚園
明福寺ルンビニー学園幼稚園 保育園

■ STAFF

デザイン	金田一亜弥　髙畠なつみ（金田一デザイン）
イラスト	鮫島良一　馬場千晶
撮影	鮫島良一　馬場千晶　西川節子
校正	鈴木初江
編集	株式会社童夢

■ 協力

ぺんてる株式会社、寺西化学工業株式会社、
株式会社おもちゃ箱、タキロンシーアイ株式会社、
ゼブラ株式会社、セメダイン株式会社、
ヤマト株式会社、美術出版エデュケーショナル

■ SPECIAL THANKS

これまで出会ったたくさんの子どもたち

本書は『保育園・幼稚園の造形あそび』（成美堂出版、2014年）を
底本とし、加筆・修正のうえ再編集したものです。

つくる・かく・あそぶ　こどものアートブック

2021年（令和3年）3月20日　初版発行
2024年（令和6年）2月29日　3刷発行

編著者	鮫島 良一／馬場千晶
発行者	佐々木秀樹
発行所	日本文教出版株式会社
	https://www.nichibun-g.co.jp/

〒558-0041　大阪市住吉区南住吉4-7-5　TEL：06-6692-1261

デザイン	金田一デザイン
印刷・製本	株式会社ユニックス

©2021　Ryoichi Samejima & Chiaki Baba　Printed in Japan
ISBN 978-4-536-60123-8